Kaiserstraße 14b
D-80801 München

ISBN: 978-3-89883-561-9
5. Auflage 2016

Projektleitung	Eva Dotterweich
Rezepte	Nina Kohtz, Christin Müller, Salla Schmilewski, Julia Dullat (Medicum Hamburg) / Martina Kittler
Lektorat	Kathrin Gritschneder
Covergestaltung	Lars Harmsen, melville brand design
Grafische Gestaltung	Silke Schüler
Satz	Christopher Hammond
Rezeptfotografie	Claudia Timmann
Foodstyling	Claudia Seifert, Pedro Torres
Coverfoto	Michael Wilfling (andere Fotos siehe Bildnachweis)
Herstellung	Peter Karg-Cordes
Producing	Jan Russok
Druck & Bindung	optimal media GmbH, Röbel

In Zusammenarbeit mit und lizenziert durch nonfictionplanet GmbH, Hamburg
2016 NDR – lizenziert durch NDR Media GmbH

Die ZS Verlag GmbH ist ein Unternehmen der Edel AG, Hamburg.
www.zsverlag.de | www.facebook.de/zs-verlag

Dr. med. Matthias Riedl | Dr. med. Anne Fleck | Dr. med. Jörn Klasen

Die Ernährungs Docs

Wie Sie mit der richtigen Ernährung Krankheiten vorbeugen und heilen können

Mit Texten von Britta Probol und Annette Willenbücher

INHALT

Die Symbole bei den Rezepten

- Vegan
- Gut zum Mitnehmen
- Vegetarisch
- Gut vorzubereiten
- Schnell
- Für Gäste

DAS SUPER REZEPT — Der Stempel zeichnet Rezepte aus, die besonders gesund sind.

Essen kann heilen

Dies ist ein Buch für Menschen, die an einer Krankheit leiden und selbst etwas tun möchten, damit es ihnen besser geht. In der richtigen Ernährung liegen dafür große Chancen. Unser Buch richtet sich aber genauso an Gesunde – denn die enorme Stärke der Ernährung ist, dass sie Erkrankungen schon vorbeugt, also präventiv wirkt.

Zu einseitige Ernährungsgewohnheiten sind die Ursache für viele Krankheiten – und die Zahl dieser Erkrankungen ist in den vergangenen Jahren sprunghaft angestiegen. Gleichzeitig hat die moderne Wissenschaft zahlreiche Erkenntnisse zum Thema Essen und Trinken gewonnen, an denen wir uns heute orientieren können. Sie sind die Basis der Ernährungsmedizin, einer recht jungen Fachrichtung, die bei ernährungsbedingten Krankheiten wie beginnendem Diabetes Typ 2 oder Fettleber die Heilungschancen dramatisch verbessert. Auch bei nicht ernährungsbedingten Krankheiten wie Rheuma, Migräne oder Multipler Sklerose kann die Ernährung das Gesundwerden unterstützen – Hand in Hand mit den konventionellen Therapien.

Der große Erfolg unserer Sendung „Die Ernährungs-Docs" im NDR Fernsehen hat gezeigt, dass die Menschen an die heilende Wirkung des Essens glauben und diese Medizin wollen. Und doch hat die Ernährungsmedizin noch lange nicht den Stellenwert, den sie eigentlich verdient.

Unser Buch ist wie ein ernährungsmedizinischer Wegweiser aufgebaut. Im ersten Teil geht es um Basiswissen: um die Wirkung von Nährstoffen und Lebensmitteln sowie um ihren Einfluss auf bestimmte Krankheiten. Der zweite Teil des Buches enthält mehr als 70 Rezepte, denen jeweils die Krankheiten zugeordnet sind, bei denen sie sich gut eignen. Die Gerichte sind alle leicht zuzubereiten und sollen nicht nur guttun, sondern auch gut schmecken.

Die moderne Ernährungsforschung hat mit manchen Mythen und Irrtümern aufgeräumt und uns vernachlässigte Zutaten wie die guten Öle und Fette wieder nahegebracht. Das richtige Essen allein ist aber noch kein Allheilmittel. Viele Krankheiten, gerade die schweren chronischen Erkrankungen, benötigen zunächst ein medizinisches Konzept mit Medikamenten, womöglich auch mit Operationen oder psychologischer Unterstützung. Das Buch ersetzt deshalb nicht den Arzt an Ihrer Seite. Aber die Ernährungsmedizin bietet allen Menschen die Chance, aktiv etwas gegen ihre Krankheit zu tun und die Heilung positiv zu beeinflussen. Sich selbst helfen zu können schafft ein Gefühl der Zufriedenheit. Dabei sollen die Freude am Kochen und auch der Genuss nicht zu kurz kommen!

Einen gesunden Appetit und gute Genesung wünschen Ihnen die Ernährungs-Docs!

BASISWISSEN ERNÄHRUNG

Was sind Kohlenhydrate? Wozu benötigen wir Hormone? Wie nimmt man effektiv ab? Dies und noch viel mehr beantworten Ihnen die drei Ernährungs-Docs in diesem Kapitel. Dazu erfahren Sie alles über die Grundlagen einer gesunden Ernährung sowie die Wahrheit über die größten Mythen rund ums Essen.

Warum Ernährung wichtig ist

Essen bedeutet einerseits Leben: Denn Nahrung gibt uns Kraft und Energie, sie lässt Kinder wachsen und gedeihen. Andererseits können ungünstige Ernährungsmuster krank machen. Gesundheit ist immer eine Frage der Balance – auch der richtigen Balance von Nährstoffen, die wir jeden Tag über die Nahrung zu uns nehmen.

Studien zufolge werden drei Viertel unserer Erkrankungen durch falsche Ernährung entweder verursacht oder verschlimmert. Das heißt im Umkehrschluss: Mit den richtigen Ernährungsgewohnheiten können wir Krankheiten verhindern, lindern – oder sogar heilen!

Wo setzen die Ernährungs-Docs an?

Dr. Riedl: Alles, was wir essen, einnehmen oder trinken, hat Wirkungen im Körper – ob Lebensmittel oder Tabletten. Deshalb können wir die Gesundheit durch gute oder schlechte Nahrungsgewohnheiten wesentlich beeinflussen. Moderne Ernährungstherapie baut auf der neuesten medizinischen Forschung auf und zeigt, wie Lebensmittel und ihre Inhaltsstoffe wirken.

Dr. Fleck: Natürlich ist die klassische ärztliche Therapie als Teil der modernen Spitzenmedizin unerlässlich, vor allem bei schweren Krankheiten. Aber auch dann unterstützt eine moderne ernährungsmedizinische Strategie, also ein individuell angepasster Speiseplan, die Gesamttherapie als wertvoller Baustein und kann den Krankheitsverlauf nachhaltig positiv beeinflussen.

Was versteht man unter Ernährung, und worauf baut die Ernährungsmedizin auf?

Dr. Klasen: Ernährung umfasst Essen genauso wie Trinken. Denn mit beidem führen wir unserem Organismus die Nährstoffe zu, die er zum Leben braucht.

Dr. Fleck: Im Laufe der letzten Jahrzehnte verschwand viel Wissen um die positiven Wirkungen bestimmter Nahrungsmittel, wie zum Beispiel von Heilkräutern aus dem Garten. Unsere Ahnen konnten nicht einfach in die Apotheke gehen – sie „mussten" auf die Heilkraft von Pflanzen setzen. Manches Kräuterwissen war mit Aberglauben gespickt, aber oft lagen unsere Vorfahren gar nicht so falsch. So prägte Hildegard von Bingen eine völlig neue Art der Medizin durch ihre naturheilkundlichen Lehren und Empfehlungen zur Ernährung. Neue Studienergebnisse stützen zum Teil solch tradierte Heilmethoden, liefern aber auch zahlreiche neue Therapieansätze. Denn Wissenschaft und Fortschritt gehen weiter.

Dr. Riedl: In den vergangenen Jahrzehnten hat die Forschung ihr Verständnis über die Stoffwechselvorgänge im Körper vertieft. Alle Körperfunktionen profitieren von einer „artgerechten" Ernährung für den Menschen! So haben Studien beispielsweise gezeigt, wie wir über die Ernährung die Funktionsfähigkeit unseres Immunsystems beeinflussen können.

Welche Krankheiten lassen sich ernährungsmedizinisch behandeln?

Dr. Fleck: Es gibt kaum eine Erkrankung, die sich nicht durch kleine oder größere Anpassungen im Speiseplan zumindest lindern ließe! Unsere Ernährung ist einfach ein zentraler Faktor für die Gesundheit.

Dr. Riedl: Natürlich ist die Ernährungstherapie besonders sinnvoll bei Nahrungsmittel-Unverträglichkeiten und bei den meisten Magen- und Darmerkrankungen wie Reizdarm, Verstopfung oder Sodbrennen – das liegt auf der Hand. Auch bei Untergewicht und selbstverständlich bei Übergewicht und damit verwandten Krankheiten wie Fettstoffwechselstörungen, Bluthochdruck, Fettleber und Diabetes mellitus Typ 2 ist eine Ernährungsumstellung das Mittel erster Wahl.

Geballte Fachkompetenz: die Ernährungs-Docs Dr. Klasen, Dr. Fleck und Dr. Riedl (von links nach rechts).

Dr. Klasen: Nahezu alle der heute 80 bekannten Autoimmunkrankheiten wie Rheumatoide Arthritis, Multiple Sklerose, Typ-1-Diabetes oder Colitis ulcerosa münden in chronische Entzündungsprozesse. Sie sind daher durch eine entzündungshemmende Ernährung positiv zu beeinflussen. Außerdem leistet eine Ernährungstherapie bei vielen chronischen Erkrankungen wie Gicht, Osteoporose, Neurodermitis und sogar Krebs einen wertvollen Beitrag zur Behandlung.

Wie schnell wirkt eine Änderung der Ernährungsgewohnheiten?

Dr. Fleck: Das ist unterschiedlich. Wie jeder Mensch einzigartig ist, so ist auch das Ansprechen der Ernährungsmedizin von Mensch zu Mensch anders. Abnehmerfolge treten oft schon rasch ein. Um eine systemische, also den ganzen Stoffwechsel betreffende solide Veränderung zu erreichen, braucht es aber in der Regel ein paar Wochen oder sogar Monate. Nach meiner Erfahrung benötigen Ernährungsmediziner bei einer innovativen Strategie jedoch oft nur wenige Termine, um den „Zug auf das richtige Gleis zu stellen“. Wichtig ist: Es geht um eine langfristige und machbare Änderung der Ernährungsgewohnheiten!

Dr. Riedl: Es ist entscheidend, die Ernährungsgewohnheiten dauerhaft umzustellen. Denn über die kurzfristige Verbesserung hinaus geht es langfristig um eine Ausbalancierung der Nährstoffzufuhr.

Muss ich auf viel Leckeres verzichten, wenn ich mich gesund essen möchte?

Dr. Klasen: Nein, denn eine gesunde Ernährung wird auf Dauer nur durchgehalten, wenn sie schmeckt und Spaß macht. Deshalb stehen bei der Ernährungstherapie die Lebensqualität und die persönlichen Vorlieben an erster Stelle! Natürlich gibt es ungesunde Angewohnheiten, von denen man sich verabschieden muss. Mit ein bisschen Selbstdisziplin kommt man zum Erfolg – wer die aufbringt, wird bald positive Veränderungen wahrnehmen können.

Unsere drei Grundnährstoffe

Für alles, was wir tun, und für alle Prozesse innerhalb des Körpers benötigen wir Energie. Diese ziehen wir aus den Grundnährstoffen: aus Kohlenhydraten, Fetten und Eiweiß. Da sie in verhältnismäßig großen Mengen im Körper vorkommen, spricht man bei ihnen auch von den Makronährstoffen.

Die optimale Tagesverteilung von Grundnährstoffen in der Ernährung für gesunde Menschen sieht so aus: 50 Prozent Kohlenhydrate, 30 Prozent Fette, 20 Prozent Eiweiß. Liegen schon Erkrankungen oder Unverträglichkeiten vor, weicht die Verteilung der Makronährstoffe oft um einige Prozentpunkte davon ab – die genauen Angaben finden Sie im Kapitel zu den Krankheiten aufgeführt (siehe ab Seite 42).

Viel Gemüse – ideal für eine gesunde Ernährung.

Kohlenhydrate: Brennstoffe für unseren „Motor"

Es gibt für den Menschen verwertbare Kohlenhydrate (Zucker, Stärke) und nicht verwertbare Kohlenhydrate (Ballaststoffe, siehe Seite 16). Die wichtigste Aufgabe der Kohlenhydrate ist die Bereitstellung von Energie für unsere Muskeln und unser Gehirn. Das allein benötigt pro Tag rund 140 Gramm Zucker, um zu funktionieren. Die verwertbaren Kohlenhydrate werden unterteilt in kurzkettige Kohlenhydrate, die schnell Energie liefern (zum Beispiel Kristallzucker), und langkettige Kohlenhydrate, die vom Körper langsamer umgewandelt werden (zum Beispiel Stärke aus Vollkornprodukten, Nudeln, Kartoffeln oder Gemüse). Als Dickmacher gelten vor allem Süßes und Weißmehlprodukte, weil sie im Gegensatz zu Vollkornprodukten nicht so gut und lange sättigen.

Ballaststoffe zählen zwar zu den Kohlenhydraten, sie sind aber weitestgehend unverdaulich. Man unterscheidet innerhalb der Ballaststoffe wiederum die unlöslichen Faserstoffe, die vor allem aus Vollkornprodukten stammen, von den löslichen Ballaststoffen aus Gemüse, Obst und Hülsenfrüchten. Beide sind wichtig – allerdings sollte man sich dem Darm zuliebe davon auch nicht zu viel auf einmal zumuten und nicht abrupt von wenig auf viel umstellen. Je nach Verträglichkeit sollten es um die 30 Gramm am Tag sein.

Proteine: Bausteine unseres Körpers

Eiweiß (Protein) besteht aus lebenswichtigen Aminosäuren, die teilweise nicht vom Organismus selbst gebildet werden können und deshalb über die Nahrung

Wasser als Grundnahrungsmittel

Wasser ist mit 60 Prozent der wichtigste Bestandteil und auch Nährstoff unseres Körpers. Es wird aber häufig von den Makronährstoffen getrennt betrachtet, weil wir aus Wasser keine Energie ziehen können.

Wertvolles Eiweiß findet sich in Eiern, Milch und Milchprodukten, Nusskernen und Hülsenfrüchten.

aufgenommen werden müssen. Der Proteinbedarf liegt bei einem Gramm pro Kilogramm Körpergewicht am Tag. Die Menge wird idealerweise auf drei Mahlzeiten verteilt. Proteine sind eine Schlüsselsubstanz in unserem Körper. Wir brauchen sie für das Immunsystem, den Aufbau unserer Zellen, die Produktion von Hormonen und Enzymen oder bei der Übertragung von Nervenreizen. Zudem tragen sie dazu bei, das Gewicht zu regulieren (siehe ab Seite 32).

Fette: Energielieferanten Nummer eins

Fette liefern mehr als doppelt so viel Energie (Kalorien) wie die gleiche Menge an Eiweiß oder Kohlenhydraten. Natürliche Fette bestehen vor allem aus Triglyzeriden, die sich aus je einem Molekül Glyzerin und drei verschiedenen Fettsäuren zusammensetzen. Entscheidend für eine gesunde Ernährung sind der Anteil und die Qualität der in den Fetten enthaltenen Fettsäuren. Man unterscheidet zwischen gesättigten und ungesättigten Fettsäuren. Gesättigte sind bei Zimmertemperatur fest und stammen meist aus tierischen Produkten wie Fleisch, Butter oder Käse. Früher galten sie als herzschädigend. Da der Körper sie selbst herstellen kann, brauchen wir nicht viele davon aufzunehmen. Die ungesättigten Fettsäuren, die bei Zimmertemperatur flüssig sind (etwa in Ölen), gehören unbedingt auf den Speiseplan, weil der Organismus sie nicht produzieren kann. Insbesondere mehrfach ungesättigte Omega-3- und Omega-6-Fettsäuren benötigt unser Körper unter anderem, um den Fettstoffwechsel zu regulieren. Mit ihrer Hilfe kann man sogar abnehmen (siehe ab Seite 20)!

Gutes Fett aus Avocado, Samen und fettem Fisch.

Eine effektive Helfertruppe

Neben den Makronährstoffen, die uns mit Energie versorgen, benötigt unser Körper in gleichem Maß die richtigen Mengen an Mikronährstoffen – dazu zählen Vitamine, Mineralstoffe und Spurenelemente. Auch wenn sie nur in kleinsten Mengen vorkommen, erfüllen sie in unserem Körper eine Reihe von lebenswichtigen Aufgaben.

In einer ausgewogenen Mischkost sind die meisten Vitamine, Mineralstoffe und Spurenelemente in ausreichender Dosierung enthalten. Wer viel frisches Gemüse, Obst und ausreichend Vollkornprodukte isst, dazu wenig Fleisch und Milchprodukte, der wird im Normalfall gut versorgt sein.

Vitamine: Mangel kommt selten vor

Es gibt 13 Vitamine – man unterscheidet fettlösliche (Vitamin A, D, E, K) und wasserlösliche (das sind die acht Vitamine der B-Gruppe sowie Vitamin C). Lediglich Vitamin B_3 und D kann unser Körper in gewissem Maße selbst bilden. Alle anderen müssen wir mit der Nahrung aufnehmen.

Mangel leiden Menschen hierzulande manchmal an Vitamin D, besonders im dunkleren Winterhalbjahr. Vitamin D fördert unter anderem die Kalziumaufnahme, es kann Entzündungsbotenstoffe dämpfen und hemmt nachweislich die Entwicklung bestimmter Krebszellen. Allein über die Nahrung können wir es kaum in hinreichender Dosis aufnehmen. Vitamin D kommt vor allem in tierischen Produkten vor, besonders in Leber, Ei(gelb), Milchprodukten und fettem Fisch – im Pflanzenreich findet man nennenswerte Mengen nur in Avocado und Pilzen. Bei genügend Sonneneinstrahlung kann unsere Haut allerdings Vitamin-D-Vorräte bilden und sie im Fettgewebe einlagern – deshalb sollten wir uns im Sommer so oft wie möglich draußen bewegen.

Schon 20 Minuten Tageslicht pro Tag reichen aus.

Die Ernährungs-Docs

Wer sich fleischlos ernährt, hat Nachteile bei der Vitamin-B_{12}-Versorgung. Dieses Vitamin ist unersetzlich für die Zellteilung und die Blutbildung. Nur verschwindend geringe Mengen kommen in Pflanzen vor. Vegetarier, die Milch und Eier essen, können ihren Bedarf darüber meist decken. Veganer sollten auf Nahrungsergänzungsmittel oder mit Vitamin B_{12} angereicherte Lebensmittel wie etwa Soja- oder Haferdrink zurückgreifen.

Vitamin E und C: Radikalfänger aus dem Club der Antioxidantien

Bestimmte Substanzen im Körper, sogenannte freie Radikale, beschleunigen die Alterung und können Entzündungen fördern. Wir brauchen Antioxidantien (siehe Seite 61), um sie zu neutralisieren. Eine starke antioxidative Kraft liegt in Vitamin E. Es schützt die Zellwände und erhält die Funktion von Muskeln und

Nerven. Außerdem sorgt es dafür, dass die anderen Vitamine überhaupt richtig arbeiten können. Vitamin E steckt in Pflanzenölen, allen voran Weizenkeimöl. Vitamin C mobilisiert unsere Immunabwehr und beschleunigt die Heilung. Obst, grünes Blattgemüse, Kohl und Paprika versorgen uns mit reichlich Vitamin C – und darüber hinaus mit vielen sekundären Pflanzenstoffen.

Nahrungsergänzungsmittel – schaden oder nutzen sie?

Pauschal lässt sich sagen: Nahrungsergänzungspräparate sollten nicht über längere Zeit ohne ärztlichen Rat eingenommen werden. Wasserlösliche Vitamine zum Beispiel werden zwar vom Körper bei Überdosierung schlicht wieder ausgeschieden. Andere Mikronährstoffe können sich aber anreichern und zu unerwünschten Nebenwirkungen führen.

Mineralstoffe

Zu den Mineralstoffen zählen Kalzium, Kalium, Magnesium, Natrium, Schwefel sowie Chlorid und Phosphat. Sie haben vielfältige Aufgaben im Körper. So läuft kaum ein Vorgang im Stoffwechsel ohne Magnesium ab. Es ist Baustein von mehr als 300 Enzymen und wichtig für die Herzgesundheit. Magnesium wirkt zum Beispiel bei stressbedingten Beschwerden. Gute Lieferanten für Magnesium sind grüne Blattgemüse, Vollkorngetreide, Linsen, Nusskerne, Mandeln und Trockenfrüchte. Letztere sind echte Kaliumbomben und so ein gesunder Snack bei Bluthochdruck.
Kalium reguliert zusammen mit seinem Gegenspieler Natrium den Blutdruck und den Flüssigkeitshaushalt. Kalzium schließlich stabilisiert nicht nur die Knochen, sondern aktiviert auch viele Enzyme und ist wichtig für Muskeln und Nerven.

An Natrium oder Chlorid erleidet so schnell niemand einen Mangel – bilden sie zusammen doch Natriumchlorid, auf Deutsch: Kochsalz. Heutzutage konsumieren wir oft viel Salz, ohne es zu merken. Es versteckt sich in industriell gefertigten Lebensmitteln wie Brot, Wurst, Käse und Fertiggerichten. Die empfohlene Höchstmenge von sechs Gramm Salz pro Tag wird schnell erreicht und oft überschritten.

Spurenelemente

Die wichtigsten Spurenelemente sind Jod, Chrom, Eisen, Selen und Zink. Der Körper braucht sie nur in geringsten Mengen – Über- oder Unterdosierung kann aber zu klinischen Symptomen führen.

Auf die Kombi kommt es an!

Zu berücksichtigen ist das Zusammenspiel der Vitamine, Mineralstoffe und Spurenelemente. Manche helfen einander, andere wiederum behindern die gegenseitige Aufnahme im Stoffwechsel. Beispiel Kalzium: Gemeinsam mit Vitamin D – wie es in Milchprodukten vorliegt – oder mit Zitronensäure wird Kalzium noch besser aufgenommen. Phosphat dagegen – etwa aus Wurst, Cola oder Fertiggerichten – blockiert die Kalziumaufnahme und den Magnesiumstoffwechsel.

Die Ernährungs-Docs

Sekundäre Pflanzenstoffe, die Meister der Antioxidantien, machen grüne Smoothies zu einem guten Baustein im Rahmen einer entzündungshemmenden Ernährung. Im leistungsstarken Mixer werden aus grünem Blattgemüse, Früchten und Wasser in Sekundenschnelle aromatische Mixgetränke. Noch ein Löffel Lein- oder Weizenkeimöl dazu – fertig! Morgens und mittags sind Smoothies gut bekömmlich.

Ohne Stoffwechsel geht nichts

Unser Stoffwechsel ist der Motor des Körpers. Er erhält und erneuert unser Leben. Was wir essen, wird verstoffwechselt – das heißt, es wird nach und nach zerkleinert und schließlich in den Zellen ab- und zu neuen Stoffen aufgebaut. Der Stoffwechsel liefert unserem Organismus auf diese Weise Energie, Wärme und Wasser.

Unsere Nahrung wird nicht nur im Mund mithilfe der Zähne zerkaut und in Flüssigkeit aufgelöst, sondern im Magen-Darm-Trakt in kleine Stücke gespalten und schließlich ins Blut überführt. Entsprechend der Unterteilung in die Makronährstoffe Kohlenhydrate, Eiweiß und Fette gibt es drei Stoffwechselarten:

1. Der Kohlenhydratstoffwechsel spaltet den Zucker in der Nahrung in Einfachzucker wie Glukose und Fruktose auf (siehe Seiten 12, 29). Daraus kann er Energie gewinnen und für Körperkraft, Wärme und Denkprozesse nutzen oder den Zucker speichern, wenn er gerade nicht gebraucht wird. Genau dieses Speichern ist aber gefährlich, denn es kann dick machen, wenn mehr Kohlenhydrate vorhanden sind, als man benötigt (siehe Seite 20).
2. Der Eiweißstoffwechsel baut ankommende Proteine zu Aminosäuren ab und nutzt sie ebenso für die Energiegewinnung sowie für den Aufbau der Zellen und die Produktion von Hormonen.
3. Der Fettstoffwechsel spaltet Fette in Glyzerin und Fettsäuren, nutzt sie zur Energiegewinnung oder speichert sie in Fettpolstern. Gerät der Fettstoffwechsel aus dem Takt, steigt das Risiko für Herzinfarkt und Schlaganfall.

Die einzelnen Bausteine gelangen vom Darm in den Blutkreislauf und von dort in die Zellen. Hier findet der eigentliche Stoffwechselprozess statt: die Verbrennung (Oxidation), durch die der Körper lebenswichtige Energie und Wasser gewinnt. Der größere Teil der Energie wird in kleine „Päckchen“ verpackt und kann so über das Blut an die Orte im Organismus gelangen, an denen Energie benötigt wird. Der andere Teil ist Wärme, die unsere Körpertemperatur erzeugt und erhält. Der Stoffwechsel besteht also aus einem ständigen Abbau und Wiederaufbau von Stoffen. Diese Prozesse setzen sich in allen Zellen und Geweben des Körpers fort.

Leber schafft Leben

Das zentrale Stoffwechselorgan ist unsere Leber. Sie sorgt für den Neuaufbau von Eiweiß und Kohlenhydraten und speichert Letztere, um sie bei Bedarf ins Blut abgeben zu können. Zu diesem Zweck wird das gesamte Blut über die Pfortader zur Leber geleitet.

Gut für die Verdauung

Ballaststoffe sind die kleinen Helfer unseres Stoffwechsels. Sie kommen als Faserstoffe vor allem in pflanzlichen Lebensmitteln vor – wie zum Beispiel in Vollkornprodukten, Obst, Gemüse, Nusskernen sowie Hülsenfrüchten. Die Pflanzenfasern liefern keine verwertbaren Nährstoffe, sind aber wichtig: Sie bringen den Darm auf Trab, denn sie binden Wasser, quellen auf und „füllen“ ihn. Das regt die Darmtätigkeit an und beugt Verstopfung vor. Außerdem stabilisieren Ballaststoffe unsere Darmflora (siehe rechts) und stärken so das Immunsystem. Wissenschaftler gehen davon aus, dass ihr Verzehr das Darmkrebsrisiko senkt.

Die Verdauung

Zum Stoffwechsel gehört nicht nur die Verbrennung zur Energiegewinnung, sondern der gesamte Kreislauf der Stoffe: Aufnahme der Nahrung, Abbau zu Elementarbausteinen, Übergang ins Blut, Aufbau von lebenswichtigen Substanzen, Ausscheidung der nicht benötigten Stoffe über den Darm, die Nieren, die Lunge und die Haut. Ausgangspunkt unseres Stoffwechsels ist die Verdauung:

1. In der Mundhöhle wird die Nahrung zerkleinert und eingespeichelt. Schon hier beginnt die Verdauung der Kohlenhydrate mithilfe des Enzyms Amylase aus den Speicheldrüsen.
2. Über den Schlund und die Speiseröhre werden die geschluckten Bissen und Flüssigkeiten in den Magen befördert und gelangen damit von der Außenwelt in die Innenwelt.
3. Im Magen beginnt die eigentliche Verdauung. Er produziert Salzsäure und Enzyme (Pepsin), die den Abbau von Eiweiß einleiten. Gleichzeitig zerstört der hohe Säuregehalt schädliche Stoffe und Bakterien.
4. Erst im Dünndarm vollziehen sich die Zersetzungsprozesse komplett. Die Makronährstoffe werden bis auf ihre Elementarbausteine abgebaut. Hierbei sind besonders die Gallenflüssigkeit aus der Leber und die Enzyme der Bauchspeicheldrüse beteiligt. Erst wenn die Nahrungsstoffe vollständig zerlegt sind, beginnt die Aufnahme der Elementarbausteine durch die Darmwand ins Blut.
5. Der Dickdarm verwertet die Reste. Er dickt sie ein und holt wichtige Substanzen wie Mineralstoffe und Wasser zurück in den Organismus. Zudem beherbergt er bis zu 100 Billionen Bakterien, die wichtige Aufgaben im Abwehrsystem haben und uns vor Krankheiten schützen. Einige helfen auch bei der Produktion von Vitaminen (wie B_{12} und K).

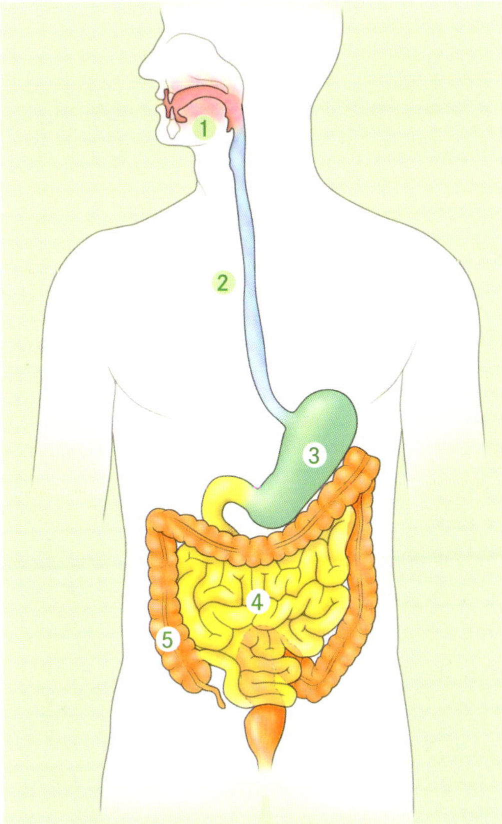

Der menschliche Verdauungstrakt in der Übersicht.

Die Darmflora

Die Billionen Bakterien beziehungsweise die Gesamtheit der Bakterien des Darms (aber auch von Haut, Mund, Rachen oder Urogenitaltrakt) nennen Mediziner das Mikrobiom. Der Anteil in der Darmflora zählt ebenfalls zum menschlichen Stoffwechselsystem. Neueste Erkenntnisse zeigen, dass diese kleinen Helfer auch für das Immunsystem und die Psyche eine wichtige Rolle spielen können. Die Zusammensetzung des Mikrobioms variiert von Mensch zu Mensch, massive Störungen der Darmflora können wahrscheinlich auch Krankheiten auslösen. Die Forschung zu den Aufgaben des Mikrobioms ist noch in vollem Gang – erwartet werden unter anderem Aussagen zur richtigen Ernährungsweise in Hinblick auf die Darmflora.

Hormone als Dirigenten des Körpers

Im menschlichen Organismus hängt alles miteinander zusammen. Daher verwundert es nicht, dass es zahlreiche Einflüsse auf unseren Stoffwechsel gibt – in erster Linie sind hier die Hormone zu nennen. Diese biochemischen Botenstoffe kann unser Körper selbst aus Eiweiß- oder Fettstrukturen herstellen.

Hormone regeln fast alles im Organismus: Blutdruck, Herzschlag, Wachstum, selbst die Urinmenge. Die Hirnanhangsdrüse produziert Steuerungshormone, die wiederum andere Hormondrüsen stimulieren. Die Hormone der Schilddrüse bestimmen die Sauerstoffmenge, die der Körper aufnimmt, um die Nahrung zu verarbeiten - sie haben damit großen Einfluss auf den Eiweiß- und Fettstoffwechsel. Außerdem fördern die Schilddrüsenhormone im Kindesalter das Knochenwachstum, und sie regulieren den Herzschlag und die Körpertemperatur. Insulin ist verantwortlich für die Höhe des Blutzuckerspiegels (siehe Seite 26). Frauen haben mehr Östrogene, Männer mehr Testosteron. Dadurch entstehen die sekundären Geschlechtsmerkmale. Testosteron greift besonders in den Eiweiß- und Muskelstoffwechsel ein, Östrogen in den Fett- und Knochenstoffwechsel. Mit den Wechseljahren steigt daher bei Frauen das Osteoporose-Risiko, und sie nehmen leichter zu (siehe Seite 86, Wechseljahre).

Sogar die Darmwand selbst produziert Hormone, die die Darmbeweglichkeit fördern und die Gallenbildung anregen. Und nicht zuletzt die Seele beeinflusst den Stoffwechsel.

Erkrankungen des Stoffwechsels

Nicht jeder Stoffwechsel gleicht dem anderen. Es gibt unbedenkliche Abweichungen – aber auch krankhafte Veränderungen, genetisch bedingt (wie bei Gicht oder Schilddrüsenfehlfunktion) oder verursacht durch den falschen Lebensstil. Schon kleine Probleme im Abbauprozess können zu krankhaften Veränderungen im Stoffwechselprozess führen. In vielen Fällen ist Übergewicht die Ursache. Abnehmen kann also helfen, Hormonhaushalt und Stoffwechsel zu normalisieren.

Pflanzliche Hormone

Phytohormone sind sekundäre Pflanzenstoffe, die im Körper die Wirkung des Östrogens quasi nachahmen. Wir finden sie vor allem in Leinsamen, Hülsenfrüchten, Getreide, in Beeren oder Kernobst. Auch die Isoflavone aus der Sojapflanze gehören dazu. In manchen Fällen sind sie bei Wechseljahresbeschwerden hilfreich – wissenschaftliche Beweise für diese Wirkung stehen aber noch aus. Wenn sie in natürlicher Form mit der Nahrung aufgenommen werden – nicht als Pillen –, schaden sie aber auch nicht.

Einige Hülsenfrüchte enthalten Pflanzenhormone.

Über den Stoffwechsel abnehmen?

Wenn man den Stoffwechsel beeinflussen kann, müsste sich doch auch die Verdauung von Blutzucker, Fetten und Eiweiß steuern lassen. Ernährungs-Doc Jörn Klasen erklärt, wie man den Stoffwechsel gezielt nutzen kann, um abzunehmen.

Man hört oft von gutem oder schlechtem Stoffwechsel – was steckt dahinter?

Jeder Mensch hat einen anderen Stoffwechsel. Von einem guten sprechen die meisten Menschen, wenn sie von ihrer Stoffwechselaktivität nichts spüren, ihre Verdauung regelmäßig ist und sie normalgewichtig sind – von schlechtem, wenn sie zu dick sind.

Kann man den Stoffwechsel beeinflussen?

Ja, das ist möglich, wenn man sich richtig ernährt, ausreichend trinkt und regelmäßig bewegt. Ich empfehle die mediterrane Küche mit naturbelassenen Lebensmitteln: wenig Fleisch, eher Fisch, sehr viel Frisches wie Salat, Obst und Gemüse, gute Öle. Beilagen wie Nudeln, Reis oder Kartoffeln nur wenig, sowie kaum Zucker. Außerdem sollte man etwa zwei Liter pro Tag trinken, am besten Wasser, ungesüßten Tee und wenig Alkohol. Auch durch unsere Art des Essens beeinflussen wir den Stoffwechsel. Eine entspannte, soziale und eventuell sogar ehrfurchtsvolle Atmosphäre ist hilfreich. Nicht zuletzt spielt Bewegung eine große Rolle: Ein 30-minütiger Spaziergang am Tag hat eine ungemein positive Wirkung.

Welche Theorie verbirgt sich hinter der Stoffwechseldiät?

Keiner weiß, wie es tatsächlich zu dem Begriff der Stoffwechseldiät gekommen ist. Mit dieser Diät soll das Körpergewicht durch eine Einschränkung der Kohlenhydrate sowie die vermehrte Zufuhr von Eiweiß und auch Fetten reduziert werden. Manche Befürworter empfehlen sogar einen kompletten Verzicht auf Kohlenhydrate, wodurch die Fettverbrennung angeregt werden soll, und versprechen einen Gewichtsverlust von zehn Kilogramm in der Woche.

Und hält die Stoffwechseldiät aus Ihrer Sicht, was sie verspricht?

Wir essen heute zu viele Kohlenhydrate, die schnell ins Blut übergehen – wie Schokolade, Kuchen, aber auch Nudeln und insbesondere Brot. Die Aufnahme von Kohlenhydraten muss reduziert werden. Sie sind die Hauptverantwortlichen für die ständig wachsende Zahl übergewichtiger Menschen. Allerdings sind sogenannte Crash-Diäten, bei denen nahezu vollständig auf Kohlenhydrate verzichtet wird, aus medizinischer Sicht wenig sinnvoll und nicht selten sogar schädlich. Auch sorgen sie für Heißhunger und verändern unsere Gewohnheiten nicht langfristig, sodass sie meist zu dem bekannten Jo-Jo-Effekt führen: Die abgenommenen Pfunde sind bald wieder drauf. Aus medizinischer Sicht sollte bei Übergewicht eine Gewichtsabnahme von zwei Kilogramm im Monat angestrebt werden. Durch ein oder zwei Änderungen in den Essgewohnheiten kann Nachhaltigkeit erreicht werden. Dagegen ist ein schnelles Ergebnis meist trügerisch.

Gutes Fett macht schlank und schlau

Kein anderer Nährstoff wurde in der vergangenen Zeit so schlechtgeredet wie Fett. Dass die Fette an allem schuld sind, stimmt nicht mehr – im Gegenteil, sie sind sogar lebensnotwendig. Ernährungs-Doc Anne Fleck klärt „fette" Irrtümer auf.

Ist „fettarm" nun gesund – oder können wir so viel Fett essen, wie wir wollen?

Es geht vor allem um die Frage, welches Fett wir zu uns nehmen. Das heißt: Statt „fettarm" sollten wir uns lieber „fettbewusst" ernähren. Denn Fette sind lebenswichtig für den Körper.

Wozu brauchen wir Fett?

In der Nahrung haben die Fette wichtige Funktionen als Geschmacksträger, als Transportmittel für die fettlöslichen Vitamine A, D, E und K und als Sattmacher. Im Körper sind Fette unter anderem die Grundbausteine für Hormone, Zellmembranen und Nervenzellen und bilden ein Polster um einige innere Organe. Außerdem liefern sie Energie für Zellen – denn sowohl Muskeln als auch Gehirn brauchen Fett als „guten Treibstoff" für ihre Arbeit.

Stimmt es, dass tierische Fette krank und dick machen?

Viele Diätratgeber gönnen uns nicht die Butter auf dem Brot – dabei ist das nach dem Stand der Forschung längst überholt! Lange verurteilte man die gesättigten Fettsäuren, da sie den Cholesterinspiegel erhöhen. Tierische Fette wie Eier, Sahne, Butter oder Fleisch landeten deshalb auf dem Index. Studien haben mittlerweile erwiesen, dass tierische Fette das Risiko für Herz-Kreislauf-Erkrankungen nicht beeinflussen. Bei ihrem Verzehr steigt zwar das Cholesterin – aber das HDL-Cholesterin, das unser Herz schützt. Also: Freispruch! Und, natürlich: Fett ist sehr kalorienreich, sodass Übergewichtige ihre Fettportionen im Blick haben sollten. Aber noch schädlicher als zu viel Fett ist ein Zuviel an Zucker.

Was hat Zucker mit unserem Fettstoffwechsel zu tun?

Überschüssige Kohlenhydrate wandelt der Körper in Triglyzeride um – also in Speicherfett für Pölsterchen. Und somit treibt zu viel Zucker die Blutfettwerte hoch. Solche Veränderungen im Fettstoffwechsel sind gesundheitlich bedenklich, da sie das Herz-Kreislauf-System gefährden.

Aber warum raten die Ernährungs-Docs einigen Menschen doch von tierischen Fetten wie Wurst, Eiern oder Sahne ab?

Diese Empfehlung gilt vor allem für Menschen mit entzündungsbedingten Beschwerden wie etwa Arthrose, Rheuma oder Schuppenflechte. Denn in tierischen Fetten, allen voran im Schweinefleisch, steckt entzündungsfördernde Arachidonsäure. Fette Fische und Meeresfrüchte enthalten zwar auch Arachidonsäure, sie glänzen aber gleichzeitig mit einem hohen Gehalt an Omega-3-Fettsäuren, die im Stoffwechsel als Gegenspieler der Arachidonsäure wirken.

Sind Omega-3-Fettsäuren somit die „guten Fette“?

Ja und nein: Entscheidend ist das Verhältnis der Fettsäuren untereinander! Wir brauchen verschiedene Fettsäuren, und zwar in den richtigen Anteilen.

Also ist die Omega-Balance entscheidend. Wie sieht diese aus?

Wir sollten etwa doppelt so viele Omega-3-Fettsäuren konsumieren wie Omega-6-Fettsäuren. Denn zu Letzteren zählt auch die Linolsäure, aus der im menschlichen und tierischen Organismus Arachidonsäure hergestellt werden kann. Wir nutzen aber meist zu viel Omega-6-reiches Sonnenblumenöl, Maiskeimöl, Sojaöl, Distelöl. Ich empfehle also einen Ölwechsel und damit mehr Vielfalt in der Küche.

Welches Öl eignet sich denn zum Kochen und Braten?

Ein Fehler, der im Alltag leider häufig passiert, ist der Einsatz nicht hitzebeständiger Öle zum Braten. Da beim Braten Temperaturen von 200 °C und mehr entstehen, muss der Rauchpunkt des verwendeten Öls möglichst hoch sein. Dafür muss es einen hohen Anteil an gesättigten Fettsäuren haben, denn diese sind stabiler. Vor allem Kokosfett und Sesamöl sind hoch erhitzbar. Native, kalt gepresste Öle dagegen gehören bei hohen Temperaturen nicht in die Pfanne! Besonders Omega-3-reiche Öle oxidieren leicht, das heißt, sie verrauchen. Die Zerfallsprodukte sind schädlich für den Körper, sie produzieren oxidativen Stress. Generell plädiere ich dafür, weniger zu braten: einfach mal den Fisch fettfrei im Ofen garen – oder ein Stück Fleisch ganz schlicht kochen, so wie Großmutter.

Natives Olivenöl und kalt gepresste Öle gehören also eher in die kalte Küche?

Ja, unbedingt. Auch Omega-3-Lieferanten wie Lein- oder Walnussöl verfeinern kalte Gerichte wie Salate, Quarkgerichte oder grüne Smoothies. Am besten werden sie fest kombiniert mit einem Vitamin-E-reichen Öl, denn die wirken antioxidativ – zum Beispiel Weizenkeim- oder Traubenkernöl.

Apropos Herstellung: Worauf müssen wir beim Einkauf und bei der Lagerung von Ölen achten?

Schon bei der Produktion können eine Reihe von wertvollen Inhaltsstoffen zerstört werden. Deshalb lohnt es sich, auf die Herkunft und Verarbeitung eines Öls strenger zu achten. Omega-3-reiche Öle müssen geschützt gepresst werden, unter Ausschluss von Licht, Hitze und Sauerstoff (das ist das Omega-safe- oder Oxyguard-Verfahren) – sonst schaden sie mehr, als sie nutzen.

Auch sollte man kein Öl aus Plastikflaschen kaufen, weil Schadstoffe aus dem Kunststoff in das Öl übergehen. Zu Hause die Öle am besten dunkel lagern. Omega-3-reiche Öle gehören in den Kühlschrank und sollten binnen vier bis sechs Wochen verbraucht werden, weil die mehrfach ungesättigten Fettsäuren rasch zerfallen. Wenn das Öl oxidiert, riecht und schmeckt es ranzig.

Gibt es „böse“ Fette, von denen wir generell die Finger lassen sollten?

Abzuraten ist von Produkten, bei denen „pflanzliches Fett teilweise gehärtet“ auf der Zutatenliste steht: etwa in Billigmargarine, Nuss-Nugat-Creme, Kartoffelchips, Keksen, Blätterteig oder Fertigmenüs. Solche teilweise gehärteten Fette aus industrieller Herstellung enthalten Transfettsäuren, die für die Entstehung von Herz- und Gefäßerkrankungen verantwortlich gemacht werden.

Natürliche Transfettsäuren aus der Kuh (wie etwa in Butter oder Rinderfett) sind dagegen nach heutigem Wissensstand sogar gesundheitlich von Nutzen: Die Butter ist also rehabilitiert.

Ernährungsmythen auf dem Prüfstand

In allen Medien können wir Tag für Tag neue Erkenntnisse zur richtigen Ernährung lesen, hören oder sehen. Dabei mischen sich regelmäßig immer wieder Märchen unter sonst seriöse Informationen. Auf den folgenden Seiten klären die Ernährungs-Docs über die wichtigsten Mythen rund ums Essen und Trinken auf.

Wellness-Wasser und Light-Getränke unterstützen beim Abnehmen.

Irrtum! Sie enthalten oft erstaunliche Mengen an Zucker oder schmecken durch Zuckerersatzstoffe zu süß. So wird der Körper auf Süß getrimmt! Setzen Sie lieber auf frische, natürliche Aromen, und machen Sie Ihr Wellness-Wasser oder Ihren Eistee selbst (siehe Seite 41).

Salat ist gesund.

Na ja. Schlichter Eisberg- oder Kopfsalat hat weder besonders viele Vitamine noch Ballaststoffe. Interessanter wird es schon bei Chicorée oder Radicchio, sie haben zusätzlich gesunde Bitterstoffe (siehe Seite 27) an Bord. Wer nicht auf seinen Salat verzichten will, sollte anderes Gemüse dazumischen, zum Beispiel Paprika oder Tomaten, die mit mehr Vitaminen aufwarten. Auch auf das Dressing und die Beilagen achten – beides sollte nicht zu fett sein. Weiterhin wichtig: Für einen gesunden Schlaf sollte man abends auf Rohkost verzichten.

Lieber fünf kleine Mahlzeiten am Tag als drei große.

Nein. Für Diabetiker und Übergewichtige gilt sogar das Gegenteil: lieber möglichst wenige Mahlzeiten! Im Übrigen zählen für die Figur eher die Tageskalorienmenge und der Verbrauch durch Bewegung.

Ein Schnaps fördert die Verdauung.

Manch einer fühlt sich wohler, wenn er nach einem reichen Mahl ein Schnäpschen getrunken hat. Fakt ist: Alkohol kann tatsächlich die Magenmuskulatur lockern und dadurch das unangenehme Völlegefühl lindern. Die Verdauung kurbelt er aber nicht an – im Gegenteil: Schnaps verhindert vielmehr die Insulinausschüttung (siehe Seite 26) und bremst damit den Verdauungsprozess. Außerdem schlägt jedes Glas Alkohol mit etlichen Kalorien auf die Tagesbilanz.

Abends essen macht dick.

Stimmt nicht: Ob wir zunehmen oder nicht, liegt nicht an einer abendlichen Mahlzeit, sondern daran, wie viel wir uns bewegen und wie viele Kalorien wir über den Tag zu uns nehmen. Wer insgesamt nicht zu viel isst, hält auch mit einem gemütlichen Abendessen sein Gewicht. Die letzte Mahlzeit sollte man allerdings drei Stunden vor dem Schlafengehen einnehmen – dann schläft man besser.

Fettarm = kalorienarm

Das ist leider falsch. In den meisten fettarmen Produkten sind als Ersatz oder Füllstoff viel Zucker oder sonstige Kohlenhydrate enthalten. Sie haben also trotz weniger Fett mitunter den gleichen oder sogar einen höheren Kaloriengehalt als vollfette Produkte.

Bio-Produkte sind gesünder.

Das kann man so pauschal nicht sagen. Bio-Fertiggerichte haben oft ebenso viel Zucker wie ihr konventionelles Pendant – Beispiel Fruchtjoghurts. Insofern sind sie nicht gesünder. Was die Nährstoffe angeht, aber zum Teil schon: Bio-Milch von Kühen, die auf der Weide grasen, enthält mehr Vitamin E, Beta-Carotin und gesunde Fettsäuren als die Milch von Stallkühen. Das hat das dänische Institut für Landwirtschaftsforschung festgestellt. Und: Bio-Produkte beinhalten weniger schädliche Rückstände.

Vollkorn und Ballaststoffe sind dasselbe.

Nicht ganz. Vollkorn ist Getreide, bei dem vor der Weiterverabreitung zu Müsli oder Mehl nur Grannen und Spelzen entfernt wurden. Schale (Kleie) und Keimling bleiben also erhalten. Und darin wiederum stecken die meisten Nährstoffe wie Vitamine, Mineralstoffe und Spurenelemente sowie eine große Menge an Ballaststoffen. Ballaststoffe sind alle weitgehend unverdaulichen Bestandteile, die allgemein in Pflanzen vorkommen (siehe Seite 16).

Bei einem Infekt sollte man heiße Zitrone zu sich nehmen.

Das ist nicht belegt. Bei einer Halsentzündung können saure Säfte sogar kontraproduktiv sein. Richtig ist: Antioxidantien wie Vitamin C helfen bei der Heilung. Hoch dosiertes Vitamin C kann der Körper aber nicht speichern und scheidet es sofort wieder aus. Das Beste ist es, sich zu schonen, damit das Immunsystem sein Werk verrichten kann.

Eier erhöhen den Cholesterinspiegel.

Stimmt nicht! Diese weitverbreitete Aussage ist aus Sicht der Wissenschaft längst widerlegt. Eier enthalten zwar Cholesterin, aber in Studien hat sich gezeigt, dass das mit der Nahrung aufgenommene Cholesterin die Blutwerte kaum beeinflusst. Cholesterin belastet Herz und Gefäße – vor allem das ungünstige LDL-Cholesterin. Allerdings dreht es sich hier in erster Linie um das Cholesterin, das der Organismus selbst herstellt – und das macht im Vergleich zu dem aus der Nahrung etwa drei Viertel des Blutcholesterins aus. Die Höhe des Cholesterinspiegels hängt viel mehr von genetischen Faktoren und Erkrankungen wie Übergewicht oder Diabetes ab.

Kaffee zählt nicht mit bei der täglichen Trinkmenge.

Das dachte man früher, ist inzwischen aber widerlegt: Kaffee darf jetzt in die persönliche Trinkbilanz einbezogen werden. Der Körper stellt sich auf eine durchschnittliche Kaffeemenge ein. Insgesamt sollte man über den Tag um die zwei Liter trinken – am besten Wasser oder ungesüßten Tee. Bis zu drei Tassen Kaffee zählen allerdings mit. Trinken Sie ihn Ihrer Gesundheit zuliebe aber möglichst zucker- und sirupfrei.

Besser nicht zum Essen trinken.

Stimmt nur bedingt. Dahinter steckt die Vermutung, dass die aufgenommene Flüssigkeitsmenge die Magensäure verdünnt. Da das tatsächlich der Fall ist, ist es besser, 10 bis 15 Minuten vor dem Essen das letzte Mal etwas zu trinken. Die Ballaststoffe profitieren trotzdem von dieser Flüssigkeitszufuhr: So können sie im Darmtrakt besser aufquellen. Für Menschen mit Übergewicht ist es allerdings sinnvoll, tatsächlich zu den Mahlzeiten Flüssigkeit zu sich zu nehmen, da der Magen so schneller gefüllt ist und damit das Sättigungsgefühl schneller eintritt.

Frisch ist besser als tiefgekühlt.

Diese Aussage stimmt nur teilweise. Die meisten Vitamine enthalten natürlich Obst und Gemüse frisch vom Ast beziehungsweise vom Acker. Vitamine zersetzen sich sehr schnell, sodass nach einem längeren Transportweg oder einer Lagerung von mehreren Tagen kaum mehr was davon übrig ist. In diesen Fällen schlägt Tiefkühlkost Frischkost: In der modernen Landwirtschaft gelangen Spinat, Brokkoli, Beeren und Co. meist so schnell in den Froster, dass noch ein großer Teil der gesunden Inhaltsstoffe erhalten bleibt. Vor allem wenn bei uns nichts mehr geerntet werden kann – im Winter und Frühjahr –, sind Tiefkühlgemüse und -obst daher oft die bessere Wahl.

Beim Abnehmen hilft ...

... viel Obst.

Falsch: Obst enthält viel Fruchtzucker – gerade der ist ungünstig für das Gewicht und die Leber. Eine Handvoll Obst unterstützt die Gewichtsreduktion, mehr sollte es am Tag aber nicht sein.

... Brennnesseltee.

Falsch: Brennnesseltee entwässert. Was sich eventuell auf der Waage zeigt, ist allenfalls Flüssigkeitsverlust – aber sicherlich kein Gramm Fett weniger.

... kaltes Wasser.

Falsch: Für das Aufwärmen des Wassers auf Körpertemperatur verbraucht der Körper zwar Energie, die ist aber verschwindend gering.

Zucker – unser Treibstoff

Entwicklungsgeschichtlich sind wir auf Süßes versessen, weil es Energie verheißt und eine gewisse Garantie dafür ist, dass die Nahrung nicht giftig ist. Ernährungs-Doc Matthias Riedl erklärt, wann und warum man den Zucker-Jieper drosseln sollte.

Wie viel Süßes brauchen wir?

Im Grunde gar nichts. Zucker ist für uns zwar so was wie Benzin für den Motor, und einfache Kohlenhydrate wie Traubenzucker (Glukose) gehen schön rasch ins Blut. Aber niemand muss für seinen Energiestoffwechsel extra nachsüßen. Denn Brot, Nudeln, Kartoffeln und viele andere Nahrungsmittel enthalten komplexe oder langkettige Kohlenhydrate, die wiederum aus vielen kleinen Zuckerbausteinen bestehen. Diese Glukoseketten kann unser Körper selbst aufspalten – das braucht nur ein klein wenig länger.

Was macht unser Körper mit den Kohlenhydraten?

Damit die aus der Nahrung gewonnene Glukose in alle Körperzellen gelangt, produziert die Bauchspeicheldrüse Insulin. Dieses Hormon schleust den Brennstoff in die Zellen ein. Als Folge sinkt der Zuckerspiegel im Blut. Wenn die Körperzellen allerdings resistent gegen das wichtige Insulin werden, dann klappt dieser Einschleusemechanismus nicht mehr. Die Glukose bleibt im Blut, der Blutzuckerspiegel steigt – und trotzdem fühlen wir uns energielos. So entsteht Diabetes (siehe ab Seite 44). Andererseits fördert Insulin aber auch den Aufbau von Körperfettzellen. Wer seinen Organismus reichlich mit leicht verdaubaren Kohlenhydraten versorgt, baut also tendenziell Fett auf, weil der Insulinspiegel ständig erhöht ist.

Sind Süßstoffe eine Alternative zu Zucker?

Süßstoffe sind künstlich hergestellte Substanzen, die einen vielfach stärkeren Süßgeschmack hervorrufen. Bekannt sind zum Beispiel Saccharin, Aspartam, neuerdings auch die aus der Stevia-Pflanze extrahierten Steviolglyzoside. Da sie praktisch kalorien- und kohlenhydratfrei sind, erhöhen sie den Blutzucker nicht. Aber obwohl Süßstoffe als sicher gelten, empfehlen die Fachgesellschaften einen sparsamen Einsatz. Denn sie können möglicherweise appetitsteigernd wirken – in jedem Fall halten sie den Appetit auf Süßes aufrecht.

Und was ist mit Zuckeraustauschstoffen?

Zuckeraustauschstoffe enthalten auch Kohlenhydrate. Sie steigern den Blutzucker allerdings langsamer als reiner Zucker. Fruchtzucker (Fruktose) und sogenannte Zuckeralkohole wie Sorbit oder Mannit gehören dazu. Sie alle können in hoher Dosierung allerdings abführend wirken. Insgesamt sind sie daher nicht empfehlenswert.

Speziell bei Fruktose soll Vorsicht angezeigt sein. Warum?

Fruktose ist deutlich süßer als Haushaltszucker und nicht zuletzt deshalb in zahlreichen Fertigprodukten wie Softdrinks, Shakes oder Knabberkram zu finden, zum Beispiel als Fruktose-Glukose-Sirup. Entgegen früherer Empfehlungen sollten besonders Diabetiker mit Fruktose vorsichtig sein, weil sie im Zusammenhang mit Übergewicht die Entstehung einer Fettleber (siehe Seite 50) begünstigen kann – die wiederum diabetesfördernd wirkt. Studien sehen inzwischen den wachsenden Fruktosekonsum als Mitauslöser für die weltweit zunehmende Zahl von Fettleibigen. Außerdem gehört Fruktose zu den Zuckerarten, die von vielen Menschen nicht vertragen werden (siehe ab Seite 76, Fruktoseintoleranz) oder sonstige Darmbeschwerden auslösen.

Neuerdings wird bei verschiedenen Darmbeschwerden empfohlen, auf bestimmte Zuckerarten zu verzichten. Weshalb?

Durch Gärungsprozesse im Darm können insbesondere Fruktose, Laktose und Zuckeraustauschstoffe Bauchschmerzen oder Durchfall verursachen. Sie kommen in Obst- und Gemüsesorten vor, aber gerade auch in zahlreichen industriell hergestellten Lebensmitteln. Australische Forscher haben Anfang der 2000er-Jahre herausgefunden, dass Menschen mit einem empfindlichen Darm davon profitieren können, wenn sie diese Zuckerarten zumindest eine Zeit lang weglassen (siehe ab Seite 70, Reizdarmsyndrom). Das nennt sich FODMAP-arme Ernährung. FODMAP ist eine englische Abkürzung. Es steht für vergärbare Mehrfach-, Zweifach- und Einfachzucker und Zuckeralkohole (siehe ab Seite 29).

Was ist von Light-Produkten zu halten?

Für Light-Produkte gibt es leider keine einheitliche Definition. Mal ist das Fett reduziert und die Kohlenhydrate sind erhöht, mal ist es andersherum. Wenn der Einsatz von Süßstoff der Grund für die Klassifikation als Light-Produkt darstellt, können Diabetiker davon profitieren. Die Blutzuckerverläufe sind dann eventuell glatter. Aber Vorsicht: Nicht immer sind Light-Produkte zuckerfrei – manchmal sind sie auch einfach nur zuckerreduziert. Deshalb sollten Sie immer genau hinschauen!

Joghurt und Co. besser mit Obst süßen.

Kann man sich Süßes „abgewöhnen“?

In jedem Fall lohnt es sich, mit Zucker „geizig“ zu sein, da der hohe Konsum eine der wichtigsten Ursachen für Diabetes ist – und mitverantwortlich für viele andere Zivilisationskrankheiten. Wer bei Zucker und Süßstoffen bedenkenlos zugreift, gewöhnt seine Geschmacksnerven an viel ungesunde „Süße“.
Zum Glück kann man diesen Gewöhnungseffekt jedoch auch rückgängig machen: indem man wieder mehr naturbelassene, frische Lebensmittel isst. Etwa einen Naturjoghurt mit frischen Beeren statt Fertigware aus dem Kühlregal. Und: Besonders in Getränken hat Zucker nichts zu suchen. Die so gesparten Kalorien summieren sich über das Jahr vielleicht sogar zu mehreren Kilogramm Gewichtsreduktion!

Bitterstoffe bremsen den Appetit

Jieper auf etwas Süßes? Dann nehmen Sie doch einige Tropfen Bitterstoffkonzentrat aus der Apotheke dreimal täglich über etwa fünf Tage verteilt und nach Bedarf ein. Durch den bitteren Geschmack lässt der Appetit schneller nach, sodass man weniger isst. So kann insbesondere Heißhunger auf Süßes gebremst werden.

Worin versteckt sich Zucker?

Zucker steckt nicht nur in Süßem, sondern in unglaublich vielen Lebensmitteln. Aber selbst wer im Supermarkt gründlich die Zutatenlisten liest, erkennt das oft nur mit Expertenwissen. Werden Sie also am besten zum Detektiv! Die Tabelle auf der rechten Seite hilft Ihnen bei der Enttarnung versteckter Zuckerzusätze.

Salami, Kochschinken, Chips, Pilzsuppe aus der Tüte – würden Sie darin Zucker erwarten? Vermutlich nicht. Aber in den meisten industriell verarbeiteten Lebensmitteln steckt er drin. Die kleinen Energiebomben verbergen sich hinter vielen harmlosen Namen. Werden Sie misstrauisch, sobald etwas auf -ose endet: Laktose etwa ist nichts anderes als Milchzucker. Er kommt aber nicht nur in Milch und Milchprodukten vor, sondern wird als Zusatzstoff auch Backwaren, Süßigkeiten, Desserts, Cremes, Instantsuppen und -saucen sowie Pizza und Wurst beigemischt.

Zucker hat viele Formen, nicht nur die des Würfels.

Zucker konserviert, macht knusprig und „streckt"

Zucker eignet sich nicht nur zum Süßen, sondern beispielsweise auch zur Haltbarmachung. Dieses Prinzip ist seit Jahrhunderten bewährt – wir wenden es beispielsweise an, wenn wir Obst einkochen. Zucker und seine Verwandten sind außerdem als billige „Streckmittel" beliebt. Das geschmacksneutrale Maltodextrin etwa verwendet die Lebensmittelindustrie in großem Stil: als Füllstoff, Schaumstabilisator oder Verdickungsmittel, als Fettaustauschstoff in kalorienreduzierten Lebensmitteln oder auch als Aromaträger. Es steckt beispielsweise in Fertigsuppen und Fleisch- und Wurstwaren, es macht unsere Aufbackbrötchen krosser und das Gebäck fluffiger.

Wie Sie den wahren Zuckergehalt herausfinden

Kontrollieren Sie Nährwertangaben, die auf der Packung aufgedruckt sind. Unter dem Gehalt an Kohlenhydraten steht, wie viel „davon Zucker" ist.

Die Ernährungs-Docs

Machen Sie sich die Zuckermenge in einem Produkt anschaulicher – durch Umrechnen in Würfelzucker. 1 Würfel wiegt 3 Gramm. Beispiel: 1 Becher Fruchtjoghurt (150 Gramm) enthält laut Packungsdeklaration 24 Gramm Zucker. 24 : 3 = 8 – der Joghurt enthält also sage und schreibe 8 Stück Würfelzucker!

Zusatzstoffe: die Zuckerarten auf einen Blick

Deutscher Name	Latein. Name	Auch bekannt als	Natürliches Vorkommen, Herkunft und Besonderheiten	Chemische Form
Fruchtzucker	Fruktose	Laevulose	• Natürlich in süßen Früchten • Bestandteil vieler Zuckergemische und Zuckerverbindungen (zum Beispiel Haushaltszucker) • Auch als Zuckeraustauschstoff • Ist süßer als Traubenzucker	Einfachzucker
Glukosesirup, Fruktosesirup	Isoglukose	Maiszucker, Maissirup, Stärkesirup, Stärkezucker	• Industriell aus Stärke hergestellt • Gemisch aus Traubenzucker und Fruchtzucker in veränderlichen Anteilen (Glukose-Fruktose-Sirup, Fruktose-Glukose-Sirup, HFCS)	Einfachzucker
Invertzuckersirup	Invertose	Invertzucker	• Industriell hergestellt durch Auflösung (Inversion) von Saccharose • Gemisch aus 50 Prozent Traubenzucker (Glukose) und 50 Prozent Fruchtzucker (Fruktose)	Einfachzucker
Schleimzucker	Galaktose		• Natürlich als Baustein verschiedener Zuckerarten (zum Beispiel des Milchzuckers)	Einfachzucker
Traubenzucker	Glukose	Dextrose	• Natürlich in süßen Früchten • Industriell hergestellt aus Kartoffelstärke oder Maisstärke • Im Körper als „Blutzucker“ – wichtiger Treibstoff aller Zellen	Einfachzucker
Haushaltszucker	Saccharose	Rübenzucker, Rohrzucker	• Natürlich in Zuckerrohr und Zuckerrüben • Besteht aus Glukose- plus Fruktosemolekül	Zweifachzucker
Milchzucker	Laktose		• Natürlich in Milch und Milchprodukten • Besteht aus Glukose- plus Galaktosemolekül	Zweifachzucker
Malzzucker	Maltose		• Natürlich in Gerstenmalz, Bier, Zerealien • Industriell aus Stärke hergestellt	Zweifachzucker
Maltodextrin	Maltodextrin		• Industriell aus Stärke hergestellt • Gemisch verschieden langer Glukoseketten – nur schwach süß, aber sehr energiereich	Mehrfachzucker
Zuckeraustauschstoffe	Sorbit, Mannit, Xylit, Maltit, Isomalt	E420, E421, E967, E965, E953	• Industriell aus verschiedenen Zuckerarten hergestellt • Werden bei der Verdauung langsamer verwertet und unabhängig vom Insulin verstoffwechselt	Zuckeralkohol

Was Kinder brauchen

Genau wie für Erwachsene gilt für den Nachwuchs: Am besten ist eine ausgewogene Kost mit reichlich Gemüse, täglich Obst sowie in Maßen Fleisch und Fisch. Lediglich der Kohlenhydratanteil darf bei den Kleinen und Jugendlichen im Wachstum etwas höher sein – allerdings am besten in Form von Vollkornprodukten.

Kinder bewegen sich viel, und sie wachsen – im Schnitt monatlich einen halben Zentimeter, in der Pubertät noch schneller. Deshalb ist ein kleiner Imbiss vormittags und nachmittags für sie durchaus richtig. Aber Achtung: keine Dauernascherei! Sind Brezeln oder Kekse allzeit verfügbar, verlernt der Körper Hunger- und Sättigungsgefühl – Übergewicht ist vorprogrammiert. Außerdem freuen sich die Kariesbakterien über steten Nachschub.

Wie kriege ich die Vitamine in das Kind?

Gerade jüngere Kinder tolerieren oft nur wenige Gerichte. Und die sind selten richtig gesund. Pizza, Pommes oder Pfannkuchen – Kinder können nicht wissen, was gut für sie ist. Sie gucken viel bei anderen ab. Daher müssen Eltern die Führungs- und Vorbildrolle übernehmen. Wer unverdrossen verschiedene Gerichte anbietet, hilft seinem Kind, sich an eine gesunde Geschmacksvielfalt zu gewöhnen – und so tendenziell auch eine Vielfalt an Nährstoffen und Vitaminen abzubekommen. Dabei ist auch der Zeitpunkt entscheidend: Selbst kleine Gemüse-Verächter greifen zu, wenn sie richtig hungrig sind. Also zum Beispiel Gurke, Möhre, Kohlrabi in Stifte schneiden und in der Spielpause anbieten. Oder als Vorspeise auf den Tisch stellen, während das Mittagessen noch brutzelt.

Kinder spielerisch an gesundes Essen heranführen.

Die Mischung macht's

Geschmack ist Übungssache! Studien belegen, dass Kinder Neues oft erst beim achten oder zehnten Probieren mögen. Nicht aufgeben! Eine gute Regel ist: Die Eltern entscheiden, was auf den Tisch kommt – das Kind kann wählen, wie viel es davon isst. Auch das gehört zum Ausbilden eines gesunden Körpergefühls. Nur falls schon Übergewicht besteht, müssen Eltern auf die Portionsgrößen achten. Dabei ist die Hand der Kinder eine gute Maßeinheit; sie ist individuell, wächst mit und fasst damit den je nach Alter und Geschlecht unterschiedlichen Tagesbedarf.

aid-Empfehlungen für Kinderernährung:

- 4 Portionen Getreide(-produkte), Reis, Kartoffeln (Portion: 1 Kinderhand)
- 3 Portionen Milch und Milchprodukte (Portion: 150 g bzw. 1 Scheibe Käse)
- 3 Portionen Gemüse und 2 Portionen Obst (Portion: 2 Kinderhände)
- 2 Portionen Fett und Öl (2 TL Butter und 1 EL Öl)
- 1 Portion Fisch, Fleisch oder Aufschnitt (Portion: 150 g Fisch oder Fleisch, 1 Ei oder 30 g Aufschnitt)
- 6 Gläser Getränke (1 Glas ca. ¼ l)
- 1 Portion „Luxus" (1 Handvoll bzw. 25 g)

Können Kinder ohne Fleisch und Milchprodukte groß werden?

Das Forschungsinstitut für Kinderernährung in Dortmund (FKE) empfiehlt, Kindern Fleisch, Fisch und Milchprodukte nicht vorzuenthalten. Denn sie liefern hochwertige Eiweiße, den Knochenbaustein Kalzium, Jod, Eisen, Zink und Vitamine. Ein Mangel vor allem an Vitamin B12 droht bei rein pflanzlicher beziehungsweise veganer Kost und kann für Kinder fatal werden, weil Gehirn und Nervensystem Schaden nehmen. Zunehmend treffen aber Eltern und auch manchmal schon Kinder aus ethischen Gründen die Entscheidung gegen tierische Produkte. Nur wenn sich Eltern das nötige Ernährungswissen aneignen und wirklich wissen, worauf sie achten müssen, können Kinder auch fleischlos gesund aufwachsen. Hülsenfrüchte, Tofu oder andere Sojaprodukte, Vollkornprodukte, Nusskerne, Gemüse, Obst, Omega-3-reiche Öle gehören dann täglich auf den Speiseplan. Kritische Mikronährstoffe müssen, falls nötig, als Nahrungsergänzung zugeführt werden.

Gesundes Essen vorleben

Der Grundstein für Ernährungsgewohnheiten wird in der Kindheit gelegt. Eltern sind dabei die Vorbilder.

- Essen ist bewusster Genuss – alle essen möglichst oft zusammen am gedeckten Tisch.
- Regelmäßigkeit zählt: Frühstück, Mittag- und Abendessen sind Hauptmahlzeiten – sie werden nicht übersprungen.
- Basis der Ernährung ist eine ausgewogene Mischkost mit viel Obst und Gemüse.
- Fast Food und Fertiggerichte (zum Beispiel Pizza, Pommes, Gyros, Burger) sollten die Ausnahme bleiben. Einmal pro Woche ist aber okay.
- Kochen kann jeder! Beziehen Sie Ihr Kind ein, wenn Sie einfache Mahlzeiten wie Nudelgerichte, Eierspeisen oder Salate frisch zubereiten.
- Süßes und Knabberkram wie Salzgebäck, Chips und Co. kosten wenig Geld, aber auf Dauer die Gesundheit. Diesen „Luxus“ gibt es deshalb nur einmal am Tag.
- Zu jeder Mahlzeit gibt es ein Glas Leitungswasser. Wasser und ungesüßte Tees löschen den Durst – Milch, Säfte, Softdrinks sind kalorienreiche Leckereien.

Vorsicht mit Diäten!

Adipositas und Diabetes nehmen auch bei Kindern seit Jahren stark zu. „Das verwächst sich“ gilt selten, entscheidend ist daher, rechtzeitig gegenzusteuern. Aus einem munteren Wonneproppen kann sonst ein Erwachsener mit schweren Problemen werden. Für die Obergrenze des Gewichts bei einem Schulkind gilt: Größe des Kindes in Zentimetern minus 100. Ein Achtjähriger etwa, der 1,28 Meter misst und 32 Kilogramm wiegt, hat also deutlich Übergewicht. Dennoch ist kein radikales Abspecken angesagt: Durch eine Umstellung der Ernährung (siehe ab Seite 52) und genügend Bewegung sollte das Kind stattdessen im Laufe eines Jahres sein Gewicht (bei normalem Wachstum) halten.

Zuckeralarm! Die Fallen im Alltag

Leicht wird übersehen, wie viel Zucker schon in „unverdächtigem“ Essen steckt: Frucht- und Trinkjoghurt, Kakao, Ketchup, Apfelmus ... Mit Saft, Knuspermüsli und süßen Brotaufstrichen erreichen manche schon zum Frühstück die halbe empfohlene Tagesdosis Zucker. Da stellt die ganze Familie besser morgens auf einen Quark mit Obst (siehe Rezept Seite 108) um.

Abnehm-Turbo Eiweiß

Eiweiß gilt als das Multitalent unter den Nährstoffen: In erster Linie dient es als wichtiger Baustoff für unseren Körper – egal, ob für Strukturen wie Zellen, Nerven und Muskeln oder ob für Substanzen wie Enzyme und Hormone. In letzter Zeit hat es sich darüber hinaus einen Namen als kalorienarmer Sattmacher gemacht.

Wenn man eine erfolgreiche Gewichtsreduktion anstrebt, die nachhaltig und vor allem gesund sein soll, ist die Beschäftigung mit dem Thema Eiweiß ein Muss. Über Jahrzehnte bestimmte der Satz „Fette verbrennen im Feuer der Kohlenhydrate" die Ernährungsberatungen, doch diese Meinung ist mittlerweile wissenschaftlich widerlegt und gilt als überholt.

Theoretisch kann man mit einer kohlenhydratreichen und fettarmen Ernährung (Low Fat) zwar abnehmen, doch aktuellen Erkenntnissen zufolge ist das nicht gesund. Denn überflüssige Kohlenhydrate werden in der Leber gespeichert und können so zu einer krankhaften Fettleber führen.

Proteine halten den Blutzucker stabil

Eiweiße hingegen fördern nicht nur eine Gewichtsabnahme, sie stabilisieren den Blutzuckerspiegel, sorgen für lang anhaltende Sättigung und wirken unerwünschtem Muskelabbau entgegen. Um erfolgreich und auf lange Sicht Gewicht zu verlieren, ist daher eine ausgewogene und hochwertige Eiweißzufuhr wichtig. Dafür gehören Proteine aus pflanzlichen und tierischen Produkten auf den Teller. Viel Gemüse und richtig dosiertes Eiweiß sind der Schlüssel zum Schlankwerden oder Schlankbleiben!

Sowohl mit als auch ohne Fleisch

Gute Eiweißquellen finden Sie nicht nur in tierischen Lebensmitteln (in Fleisch, Fisch, Eiern, Milch oder Milchprodukten), sondern auch im Pflanzenreich: Hülsenfrüchte (wie Bohnen, Erbsen, Linsen, Lupinen oder Soja), Gemüse (wie Kartoffeln oder Champignons), Getreide (wie Dinkel, Haferkleie, Quinoa oder Amarant) sowie Nusskerne und Samen (wie Lein- und Chiasamen). Einzelne pflanzliche Eiweißlieferanten können den Bedarf an allen lebenswichtigen Aminosäuren in der Regel nicht decken – denn eine Pflanze für sich liefert nur selten alle Aminosäuren (siehe ab Seite 12). Allerdings gibt es ein paar Kombinationen, in denen sich die Aminosäuren optimal ergänzen, etwa Getreide und Hülsenfrüchte – man denke nur an Chilibohnen mit Reis oder Pasta/Spätzle mit Linsen.

Mandeln und Nusskerne liefern hochwertiges Eiweiß.

Die Ernährungs-Docs

Clever verteilt – so kommt eine normalgewichtige Frau auf die ideale Eiweißmenge: morgens ein fruchtiger Frühstücksquark (siehe Rezept Seite 106) oder ein Glas Milch, ein Ei und ein Käsebrot, mittags Salat mit einer Handvoll Nusskerne und Vollkornbrötchen, abends gedünstetes Fischfilet mit Gemüse oder Linsen mit Reis.

Eiweißshakes als Problemlöser?

Insbesondere in Fitnesskreisen wird immer wieder von der „Wunderwaffe Protein" gesprochen – getreu dem Motto: Viel hilft viel. Ernährungs-Doc Anne Fleck erklärt, ob und wie solche Proteine beim Abnehmen tatsächlich helfen können.

Was sind sogenannte Formula-Diäten?

Formula-Produkte sind industriell hergestellte Nährstoffgemische, Getränke oder Pulver, die mit Wasser oder Milch angerührt werden und eine bis drei Hauptmahlzeiten am Tag ersetzen. Sie sind stark kalorienreduziert, enthalten mehr Eiweiße als Kohlenhydrate, machen satt und werden daher gerne als „Kilokiller" eingesetzt.

Sind solche Proteinshakes eine gute Lösung, um schnell und viel abzunehmen?

Es klingt natürlich sehr verlockend, dass die Pfunde purzeln, ohne dass man viel dafür tun muss. Aber Formulas sollten niemals das normale gesunde Essen ersetzen, sondern sind nur als kurzfristige Lösung und Motivationshilfe gedacht. Anderenfalls drohen ein Rückfall in alte Ernährungsgewohnheiten und der berühmte Jo-Jo-Effekt.

Kann zu viel Eiweiß unserem Körper denn auch schaden?

Auf die richtige Dosis kommt es an – nicht nur bei Formula-Diäten. Als Faustregel gilt: 1 Gramm Eiweiß pro Kilogramm Körpergewicht. Leistungs- und Kraftsportler dürfen etwas mehr. Wichtig ist, Eiweiß immer in gesundem Maß zu essen, höchstens 20 bis 30 Gramm pro Mahlzeit. Denn zu viele Proteine auf einmal können nur schwer verstoffwechselt werden, und Leber und Nieren sogar belasten. Werden Eiweißshakes falsch dosiert, bleibt die Gewichtsabnahme aus, oder der Hunger wird nicht ausreichend gestillt, und es kommt zum Muskelabbau.

Wem würden Sie eine Formula-Diät empfehlen?

Aktuelle Studien zeigen, dass besonders Menschen mit einer Insulinresistenz und den damit verbundenen Folgekrankheiten von einer eiweißbetonten Ernährung profitieren. Wer stark übergewichtig ist, kann Eiweißshakes als Einstiegshilfe im Rahmen einer langfristigen Ernährungsumstellung nutzen – aber nur mit ärztlicher Begleitung! Menschen mit einer Fettleber (siehe Seite 50) profitieren davon, weil die Eiweißdiät für eine schnelle Entfettung der Leber sorgt. Grundsätzlich sollten solche Produkte aber nur nach Absprache mit einem Arzt zum Einsatz kommen!

Worauf sollte man bei der Wahl achten?

Es gibt viele minderwertige Formula-Diäten mit viel Zucker (!). Ein qualitativ guter Eiweißshake sollte höchstens sieben Gramm Kohlenhydrate pro 100 Gramm Pulver aufweisen. Molkebasierte Formula-Produkte haben die beste Wirksamkeit. Eine Anwendung wird nur mit gleichzeitiger Umstellung der Ernährung und unter fachärztlicher Kontrolle empfohlen, ansonsten droht ein gesundheitsschädlicher Jo-Jo-Effekt.

Ernährungsumstellung – leicht gemacht

Wer das Falsche und womöglich zu viel davon isst und sich kaum bewegt, der bekommt über kurz oder lang die Konsequenzen zu spüren: Man wird dick und krank. Um die Essgewohnheiten nachhaltig zu ändern, bedarf es einer konsequenten und fachlich fundierten Ernährungsumstellung – auf diese Punkte sollten Sie achten.

Die gute Nachricht vorweg: Eine langfristige Ernährungsumstellung bedeutet nicht Hunger und Verbote. Bewusst und gesund essen macht Spaß und lässt die Pfunde purzeln! Radikale Diäten hingegen sind selten von dauerhaftem Erfolg, meist stellt sich nach kurzer Zeit der berühmte Jo-Jo-Effekt ein. Denn einseitige Ernährungsformen und Hungerkuren räumen nur kurzfristig den Darm frei und senken das Gewicht über Flüssigkeitsverlust und Muskelabbau – fatal für unsere Beweglichkeit. Die Fettzellen verschwinden nicht, sondern entleeren sich nur. Gibt es nach der Diät wieder normales Essen, füllen sie sich – und schnell ist das Ausgangsgewicht erneut erreicht. Leider bleibt das Muskeldefizit ohne gezieltes Aufbautraining!

Anerkannte Diäten

Diät ist nicht gleich Diät: Es gibt ausgewogene Ernährungskonzepte, die wissenschaftlich anerkannt sind und sich bewährt haben. Wichtig ist, dass die Ernährungsform, für die Sie sich entscheiden, alltagstauglich ist. Aber: Nicht jede Form nutzt jedem! Im Folgenden stellen wir Ihnen sinnvolle Ernährungsformen vor.

Mit dem Zehn-Punkte-Plan zu einer neuen Ernährung

In einem Kilogramm Körperfett sind gut 7000 Kilokalorien Energie gespeichert. Erst wenn diese eingespart oder verbrannt sind, kann die Waage ein „echtes“ Kilo weniger anzeigen. Langfristige Ernährungsumstellung heißt also das Zauberwort und ist ein Projekt, das mit folgenden Überlegungen zu Beginn geplant werden sollte:

- Machen Sie eine Bestandsaufnahme: Warum wollen Sie Ihre Ernährung ändern?
- Was wollen Sie erreichen, wie lautet Ihr Ziel?
- Wählen Sie den richtigen Zeitpunkt: Fangen Sie Ihr Projekt nicht während einer Stressphase an – oft fehlt dann der Durchhaltewille, und alte Verhaltensmuster kehren zurück.
- Brechen Sie mit Gewohnheiten, und öffnen Sie sich für Veränderungen. Ermitteln Sie die Motive für Essen zwischendurch: Ist es Durst, Langeweile, Gewohnheit, Traurigkeit?
- Verschenken Sie alle Lebensmittel, die nicht mehr in Ihr Konzept passen.
- Schreiben Sie einen Wochenplan, und überprüfen Sie regelmäßig, welche Nährstoffe in welcher Menge auf Ihrem Teller landen.
- Experimentieren Sie in der Küche, bringen Sie Abwechslung in Ihren Speiseplan.
- Je länger Sie durchhalten, desto leichter werden Ihnen die Umstellungen fallen.
- Haben Sie das neue Prinzip etabliert, sind gelegentliche Ausreißer erlaubt!
- Regelmäßige Bewegung verbessert Verdauung sowie Körpergefühl und baut Spannungen ab.

Das LOGI-Prinzip auf einen Blick

Luxus (1 Portion)
(1 Handvoll, ca. 25 g)

Kohlenhydrate (max. 2 Portionen)
Bevorzugt: Vollkornbrot (ca. 50 g), Vollkornnudeln (50 g, roh), Naturreis (50 g, roh), Kartoffeln (150 g), Müsli ohne Zucker (4 EL)
1 Mahlzeit am Tag ohne Kohlenhydrate

Eiweiß (3 Portionen)
1 Ei, mageres Fleisch und unpanierter Fisch (200–250 g), 1 Handvoll Nusskerne (25 g), Hülsenfrüchte (200 g Bohnen, Erbsen, Linsen), naturbelassene Milch und -produkte
Zu jeder Hauptmahlzeit Eiweiß

Obst & Gemüse
2 Handvoll zuckerarmes Obst (250 g), mind. 3 Handvoll rohes und gegartes Gemüse
2–3 EL hochwertiges Öl (Raps-, Oliven-, Walnuss- und Leinöl)

Kalorienreduzierte Mischkost

Alles ist erlaubt: Kohlenhydrate, Eiweiß und Fett, also Gemüse und Obst, Hülsenfrüchte, Fleisch und Fisch – aber in begrenzten Mengen, sodass die Energiezufuhr auf 1200 bis 1500 Kalorien pro Tag reduziert wird und der Körper an Gewicht verliert. Wie man das macht? Sie können den Fettanteil im Essen verringern, Kalorien zählen oder sich an Punktwerten orientieren. Die Mischkost ist eine gesunde Ernährungsform, die aber nur langsam Erfolge bringt: bei Diabetes, starkem Übergewicht und wiederholt misslungenen Diäten daher nicht die erste Wahl.

Mediterrane Ernährung

Studien zeigen, dass Bewohner der Mittelmeerländer eine höhere Lebenserwartung als andere Europäer haben, auch aufgrund einer natürlicheren Ernährung. Der Erhalt der geistigen Leistung profitiert ebenfalls. Aus dieser Erkenntnis entstand die Mittelmeerdiät: wenig Fleisch, dafür viel Gemüse, Obst und Fisch, Getreideprodukte wie Brot und Nudeln, Nusskerne und Samen, Milchprodukte in Maßen. Gewürzt wird mit Kräutern und Knoblauch. Olivenöl kommt großzügig zum Einsatz und ersetzt alle Fette, besonders die tierischen wie Butter. Das Öl ist gesundheitsfördernd, da es einen hohen Anteil an sekundären Pflanzenstoffen hat. Langfristig ist mediterranes Essen gut gegen Bluthochdruck oder chronische Entzündungskrankheiten und hilft beim Abnehmen. Die Mittelmeerdiät muss dafür unbedingt konsequent durchgeführt werden – wichtig ist, dass Süßigkeiten tabu bleiben.

Low Carb – LOGI-Methode

Galt Fett früher als Dickmacher, sind sich Ernährungsmediziner heute einig, dass uns Kohlenhydrate, wenn sie nicht durch viel Sport verbraucht werden, übergewichtig und krank machen. Die Konsequenz daraus sind Diätkonzepte, die Kohlenhydrate stark reduzieren. Eine gemäßigte, aber Erfolg versprechende Version ist die LOGI-Diät (low glycemic and insulinemic), was „niedriger Blutzucker- und Insulinspiegel" bedeutet. Sie ist ein ernährungsmedizinischer Ansatz, um bei Diabetes Typ 2 die Blutwerte zu verbessern oder gesund abzunehmen, ohne dabei hungern zu müssen. Im Mittelpunkt der langfristigen Ernährungsumstellung nach LOGI stehen Lebensmittel mit geringer Blutzuckerwirkung. Ziel ist es, den Insulinspiegel möglichst niedrig zu halten und so den Fettabbau zu fördern. Basis sind Salate, kohlenhydratarme Gemüse- und Obstsorten sowie Omega-3-haltige Öle. Dazu gibt es ausreichend sättigendes Fleisch, Milchprodukte und Nusskerne. Die LOGI-Diät ist ideal bei Diabetes und starkem Übergewicht sowie als Dauerernährung.

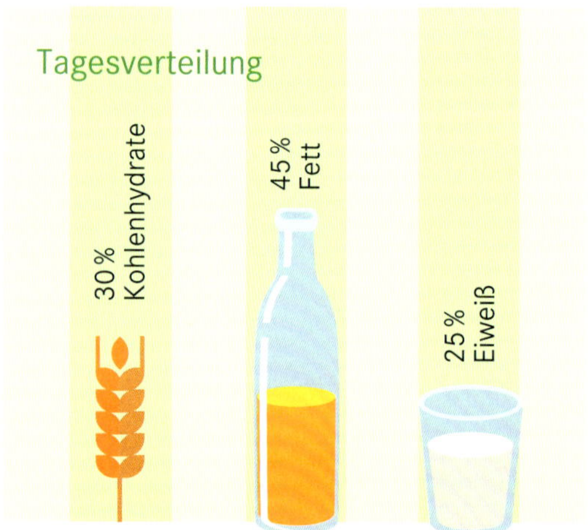

Ketogene Ernährung

Die ketogene Diät kommt nur als Therapiediät unter ärztlicher Begleitung zum Einsatz, etwa bei Multipler Sklerose oder Epilepsie. Dabei werden Kohlenhydrate möglichst weggelassen, dafür dominieren hochwertige Fette aus Avocado, fettem Seefisch und Sahnequark. Die ketogene Ernährung soll (neben einer medikamentösen Behandlung) das Allgemeinbefinden der Betroffenen steigern und positiven Einfluss auf entzündliche Prozesse nehmen. Trotz des hohen Fettanteils in der Ernährung bleibt das Gewicht bei dieser Ernährung stabil.

FODMAP-Diät

Beim Reizdarmsyndrom und bei anderen funktionellen Verdauungsbeschwerden hat sich die FODMAP-Ernährung als wirkungsvoll erwiesen: Betroffene verzichten dabei einige Wochen lang komplett auf spezielle Kohlenhydrate, die den Darmtrakt potenziell reizen. FODMAPs („fermentierbare Oligosaccaride, Disaccharide, Monosaccaride und Polyole", siehe Seite 27) sind schnell vergärende Kohlenhydrate, die in Süßigkeiten, Brot, Milchprodukten, Steinobst oder Kohl stecken (siehe Seite 27). Meist lassen die Beschwerden durch das Weglassen rasch nach oder verschwinden sogar ganz. Nach vier bis acht Wochen heißt es dann, die FODMAP-haltigen Nahrungsmittel schrittweise wieder auszuprobieren und in einem Ernährungstagebuch zu dokumentieren, welche Symptome nach dem Verzehr auftreten. So lässt sich individuell herausfinden, was der Darm verträgt und was nicht.
Wichtig: Bevor Sie eine FODMAP-Diät in Betracht ziehen, müssen organische Ursachen Ihrer Beschwerden von einem Arzt ausgeschlossen werden. Die Einführung und Überwachung dieser Therapie sollte am besten in einer „Schwerpunktpraxis Ernährungsmedizin" erfolgen.

Professionell begleitete Ernährungstherapie

Ernährungsmedizinische Therapieangebote richten sich an Menschen, die auf natürlichem Weg etwas für ihre Gesundheit tun möchten, extrem übergewichtig oder mangelernährt sind oder auf Besserung ihrer Krankheit hoffen. Durchgeführt werden sie von allen bundesweit vertretenen sogenannten Schwerpunktpraxen Ernährungsmedizin des BDEM (Bundesverband deutscher Ernährungsmediziner, www.bdem.de) in Teamwork zwischen Ernährungsmedizinern und Ernährungswissenschaftlern sowie Diätassistentinnen. Dieses Zusammenspiel der Fachberufe ist neben der Individualität der Maßnahmen die Grundlage der professionellen Ernährungstherapie.

Ausgangspunkt ist eine Befragung über Lebensstil, gesundheitlichen Hintergrund, Medikation und Ernährungsgewohnheiten. Sie ergänzt die Befunde aus der körperlichen Untersuchung und gegebenenfalls, nach einer Blutabnahme, die Laborwerte.

Darüber hinaus können der Body-Mass-Index (BMI, siehe Seite 47), der Bauchumfang sowie eine Messung der Körperzusammensetzung (BIA, Bioelektrische Impedanzanalyse), also das Verhältnis von Fettgewebe, Muskelmasse und Flüssigkeit, wichtige Hinweise auf Fehlernährungen liefern – genau wie ein Ernährungsprotokoll, das Sie vor Beginn der Ernährungsumstellung etwa eine Woche lang führen. In anschließenden Coaching-Terminen wird eine individuelle Ernährung gemeinsam erarbeitet, die schmeckt und auch im Alltag leicht durchführbar ist.

Das Ernährungsprotokoll oder -tagebuch

Im Ernährungsprotokoll notieren Sie, was und wie viel Sie wann essen und trinken und wie es Ihnen danach geht. Aus der Computerauswertung lässt sich ableiten, welche Nährstoffe dem Körper fehlen und welche im Überfluss zugeführt werden. Daraus folgt, welche Zutaten künftig mit auf den Speisezettel gehören und welche lieber wegzulassen sind.

In einem aufbauenden Ernährungsplan werden die Häufigkeit und Portionsgrößen der Mahlzeiten festgelegt. Die Umstellung erfolgt schrittweise. Dabei gilt es, den familiären und beruflichen Alltag zu berücksichtigen und Lösungen für diejenigen zu finden, die kaum Zeit zum Kochen haben. Nicht vergessen: Zwischenmahlzeiten, kalorienhaltige Getränke und viele minderwertige Kohlenhydrate steigern das Gewicht.

Muster für ein Tagesernährungsprotokoll (siehe Buchbeilage)

DATUM:

MAHLZEIT	UHRZEIT	ESSEN	TRINKEN	BESCHWERDEN
FRÜHSTÜCK	*6:30*	*2 Scheiben Toast mit Nutella*	*1 Tasse Kaffee mit Milch*	
ZWISCHENDURCH	*10:00*	*1 Croissant*	*1 Latte macchiato*	
MITTAGESSEN	*12:30*	*1 Tiefkühlpizza Salami*	*Wasser*	*Extreme Müdigkeit*
ZWISCHENDURCH	*16:00*	*Geburtstagskuchen*		
ABENDESSEN	*18:30*	*Schnitzel mit Bratkartoffeln, kleiner Salat*	*2 Bier*	*Völlegefühl*
DANACH ODER BESONDERHEITEN	*21:00*	*1 Tafel Schokolade*		

Stressfrei und gesund durch den Tag

Wie umschifft man Ernährungsfettnäpfchen im Alltag? Frühstück, Mittagessen, Abendessen, Snacks – wie kann ein gesunder Tagesplan aussehen? Und worauf kommt es beim Gesundessen zusätzlich an? Die Ernährungs-Docs verraten Ihnen auf den folgenden Seiten die wichtigsten Grundregeln und Tipps.

Grundregel 1: Richtig kombinieren

Um ein angenehmes und vor allem dauerhaftes Sättigungsgefühl zu erreichen, sollten Sie zu jeder Hauptmahlzeit maßvoll Eiweiß (Milchprodukte, Hülsenfrüchte, Fleisch, Geflügel, Fisch), Fett (pflanzliches Öl) und Kohlenhydrate mit niedriger Blutzuckerwirksamkeit (Vollkorngetreide/-nudeln, Naturreis) essen.

Grundregel 2: Zeit nehmen

Nehmen Sie das Essen ernst – tun Sie es nicht nebenbei im Gehen oder beim Fernsehen. Überessen Sie sich nicht: Kauen Sie gut, und lassen Sie ruhig etwas auf dem Teller, bevor Sie sich richtig satt fühlen. Oft tritt das Sättigungsgefühl erst später ein.

Grundregel 3: Essensrhythmus einhalten

Versuchen Sie, regelmäßig zu essen, mit drei Hauptmahlzeiten am Tag; manchen Menschen reichen auch zwei. Zwischen den Mahlzeiten tun einige Stunden Pause gut – also ein kurzes „Fasten". Wer Übergewicht vorbeugen will, sollte Zwischenmahlzeiten vermeiden und zwischen Abendessen und Frühstück mindestens zwölf Stunden Pause einhalten. Ausnahmen gelten bei einigen Erkrankungen, wie etwa bei Refluxbeschwerden (siehe Seite 74).

Nusskerne und dunkle Schokolade – ideale Snacks.

Grundregel 4: Heißhungerattacken nicht nachgeben

Wenn der Blutzuckerspiegel auf Reserve läuft, stopft man schnell mal Ungesundes in sich hinein. Solchen Heißhungerattacken können Sie clever aus dem Weg gehen, indem Sie

- immer ein paar Trockenfrüchte und Nusskerne (ungesalzen) in der Tasche haben,
- am Arbeitsplatz eine Schale mit Knabbergemüse und Obst deponieren,
- dunkle Zartbitterschokolade (70 % Kakaoanteil) parat haben – falls es mal Schokolade sein muss. Aber Vorsicht mit der Dosis!

Frühstück: Erst mal den Vitalstoff-Akku richtig aufladen

Für Dr. Fleck ist das Frühstück das wichtigste Puzzlestück im gesunden Tagesplan: „Versorgen Sie Ihren Körper gleich morgens mit Vitaminen und Mineralstoffen!" Sie püriert deshalb frisches, saisonales Obst mit Magerquark und einer entzündungshemmenden, im Omega-Safe-Verfahren hergestellten Leinöl-Weizenkeimöl-Mischung. Das macht lange satt. Wer morgens nur Flüssiges mag, kann diese Vitalstoffbombe leicht mit mehr Milch oder Wasser zu einem Shake abwandeln. Für Laktose-Intolerante empfiehlt

Dr. Fleck zum Beispiel einen Chiasamenbrei mit Obst und Nusskernen oder einen grünen Smoothie – „immer mit ‚gesunden Ölen', die den Qualitätskriterien genügen!" Sie rät ausdrücklich, auf Weizen zu verzichten. Diabetikern und allen, die ihre Blutfettwerte im Blick haben müssen, empfiehlt Dr. Riedl zwei, drei Esslöffel Haferflocken zum Start in den Tag: „Hafer hält den Blutzuckerspiegel vormittags auf einem gesunden Niveau." Müsli-Fans ermuntert Dr. Klasen, auch einmal die Scheingetreide Quinoa und Amarant zu probieren: „Sie enthalten mehr Eiweiß, Magnesium und Eisen als die gängigen Getreidearten und sind glutenfrei. Also auch für Allergiker eine tolle Alternative."

Hauptmahlzeit: keine faulen Kompromisse – auch wenn's schnell gehen muss

Gönnen Sie Ihrem Körper eine vollwertige warme Mahlzeit. Wer einmal täglich frisch kocht, hat einen doppelten Gesundheitsvorsprung: mehr Nährstoffe und mehr Kontrolle. Denn in Fertiggerichten findet sich die ganze Bandbreite lebensmittelchemischer „Errungenschaften": Geschmacksverstärker, Aroma- und Konservierungsstoffe, zweifelhafte Stabilisatoren, Fett- und Zuckeraustauschstoffe (siehe Seite 26). Kochen dauert zu lange? Keine Ausreden! Im Rezeptteil finden Sie eine große Auswahl gesunder Gerichte.

Abends: Schongang für die Verdauung

Der Stoffwechsel schaltet nachts in den Ruhemodus und Wartungsbetrieb um. Die Verdauungsarbeit sollte vorher beendet sein. Deshalb rät Dr. Fleck abends zu leichter, eiweißbetonter Kost: ein gedünstetes Fischfilet oder ein Omelett mit Gemüsebeilage. „Rohkost, Salat und Obst können nämlich bei manchen Gärungsprozesse im Darm verursachen."

Die Ernährungs-Docs

Fertige Müslis und Frühstücksflocken – auch aus dem Bio-Laden – enthalten meist unnötig viel Fett, Zuckerzusatz oder zu viele Rosinen. Kreieren Sie Ihre Lieblingsmischung selbst! Beschaffen Sie sich eine luftdicht schließende Dose, und mischen Sie nach persönlichem Geschmack und Verträglichkeit. Knuspriger wird ein Müsli durch Sonnenblumen- oder Kürbiskerne oder gehackte Nusskerne, süßer durch Trockenfrüchte. Wer es klassisch mag: Auch ein, zwei Scheiben Vollkornbrot mit eiweißreichem Belag (Käse, fettarmer Aufschnitt) sind eine gute Grundlage, gern kombiniert mit etwas Rohkost.

Gesund und frisch kochen – und dabei Zeit sparen

- Eine Bio-Kiste liefern lassen, das spart Einkausfzeit. Und die Stängel und Blätter von Bio-Gemüse eignen sich bestens für grüne Smoothies, denn sie sind besonders reich an Mineralstoffen und Antioxidantien.
- Tiefkühlgemüse nutzen: Es hat mindestens genauso viele Vitamine wie frisches.
- Einige Hersteller bieten fertig gewürzte Tiefkühl-Gemüsemischungen ohne weitere Zusätze an – auch diese sind empfehlenswert.
- Die doppelte oder mehrfache Rezeptmenge kochen: Suppen, Eintöpfe und Saucen kann man gut einfrieren. Überschüssige Beilagen kommen in den Kühlschrank und werden am Folgetag nur noch kurz aufgewärmt oder in einen leckeren Salat verwandelt.
- Brotbackautomat, Küchenmaschine, Standmixer: ein gutes Equipment hilft, Zeit zu sparen. Beim Kauf sollten Sie darauf achten, dass das Gerät leicht zu reinigen ist!

Praxistipp: auswärts essen

Was tun, wenn man viel unterwegs ist oder berufsbedingt regelmäßig auswärts essen muss? Entweder etwas Gesundes von zu Hause einpacken – oder das Richtige von der Karte wählen. Die Kriterien für das Beste vom Buffet, aus der Kantine oder im Restaurant sind dabei ganz leicht zu merken.

Im Zweifel autark sein

Wenn nicht klar ist, wann und wo Sie Ihre Energiespeicher wieder auffüllen können, hilft nur Proviant. Wir haben leckere Rezepte (ab Seite 88) für kleine Gerichte, die satt machen und gut zum Mitnehmen sind. Zwei Scheiben Vollkornbrot mit Belag und etwas Rohkost oder ein grüner Smoothie sind auch eine gute Wahl. Nicht vergessen: Wasser oder eine Thermoskanne mit ungesüßtem Tee einpacken!

Die Dickmacher kennen und meiden

Die Fettnäpfchen, im wahrsten Sinne des Wortes, lauern in Kantinen und Schnellrestaurants: Currywurst, Auflauf und Co. Häufig sind auch noch die servierten Portionen zu groß – beachten Sie das Handtellerprinzip (siehe Seite 30).

Grünes Licht für Salat mit Gemüse und Schafskäse.

Was nehme ich beispielsweise ...

... in der Kantine oder im Restaurant?

- + Vorab gern ein kleiner Salat mit Essig-Öl-Dressing oder eine klare Gemüsebrühe
- + Fischfilet Natur oder gegrillte Putenbrust mit einer großen Portion Gemüse und Salzkartoffeln oder Reis
- + Großer bunter Blattsalat mit Rohkost (Achtung: Mais hat sehr viele Kohlenhydrate!), mit Schafskäse, Mozzarella, Ei oder Schinken, dazu ein Vollkornbrötchen
- + Am Buffet stellen Sie sich Ihre Mahlzeit aus drei Komponenten (Fleisch/Fisch + große Gemüsebeilage + etwas Reis/Nudeln/Kartoffeln) zusammen
- – Aufläufe, Pfannengerichte, Lasagne, Eintöpfe
- – Paniertes wie Schnitzel, Chicken Nuggets, Kartoffelkroketten

... an der Imbissbude oder im Dönerladen?

- + Salat mit Schafskäse oder Thunfisch
- – Döner, Gyros mit Pommes, Bratwurst, Currywurst

... beim Bäcker?

- + Belegtes Brötchen oder Baguette, möglichst Vollkorn, mit Aufschnitt, Käse, Ei
- – Croissant, Minipizza, Käsestange, süße Backwaren

Dr. Fleck rät auch gesunden Personen ausdrücklich dazu, Weizen – auch Vollkornweizen – öfter einmal durch Dinkel oder andere Getreidearten zu ersetzen.

Richtig trinken

Aktuelle Studien zeigen, dass unser Körper über den Tag verteilt rund zwei Liter Flüssigkeit braucht. Etwa eineinhalb Liter davon sollten allein durch Getränke gedeckt werden. Aber auch hier zählt die richtige Wahl – setzen Sie auf kalorienfreie Getränke wie Mineralwasser, ungesüßte Tees oder Wasser.

Durch Ausscheidungen und Atmung verliert der Mensch Wasser. Das muss kompensiert werden – jedoch nur zum Teil durch Getränke. Denn auch feste Nahrung enthält Wasser. „Die Empfehlung, täglich literweise Wasser zu trinken, ist überholt", betont Dr. Riedl: Mehr als 1,5 bis 2 Liter sind nicht sinnvoll. Höhere Trinkmengen gelten nur, wenn Sie sich außergewöhnlich viel bewegen oder sommerliche Temperaturen Sie ins Schwitzen bringen. Wer zu viel Wasser trinkt, verliert nämlich über den Urin wichtige Mineralstoffe.

Kaffee und Schwarztee? Ja bitte, aber in Maßen!

Die gute Nachricht für Koffein-Junkies: Frisch aufgebrühter Filerkaffee und Tee enthalten entzündungshemmende Gerbsäuren. Deshalb sind sie – außer bei Sodbrennen – empfehlenswert. Aber nur bis zu drei Tassen täglich. Die schlechte Nachricht: Studien legen nahe, dass Milch im Kaffee oder Tee die gesundheitsfördernden Wirkungen wieder blockiert. Trinken sie beides also am besten schwarz.

Genießen Sie ruhig Ihre tägliche Tasse Kaffee.

So erreichen Sie die richtige Tagestrinkmenge

- Starten Sie gleich nach dem Aufstehen mit einem großen Glas Wasser oder Tee.
- Zu jeder Mahlzeit gehört ein Getränk – das führt auch zu einer besseren Sättigung (siehe Seite 25).
- Trinken Sie, bevor Sie Durst bekommen.
- Halten Sie Wasser oder Tee unterwegs parat: nicht nur bei Sport und Ausflügen, auch bei Spaziergängen, Gartenarbeit oder Stadtbummel.
- Ob Sie genug trinken, erkennen Sie an der Farbe des Urins: Blass oder strohfarben ist in Ordnung.

Erfrischungsgetränke mit null Kalorien und viel Geschmack

Light-Getränke sind nicht zu empfehlen (siehe Seite 88) – gesunde Alternativen im Nu selbst gemacht. Sie brauchen nur eine große Karaffe.

Für Wellness-Wasser geben Sie frisches Obst, Gemüse oder Kräuter in gut gekühltes Wasser, zum Beispiel einige Scheiben einer unbehandelten Zitrone oder Orange und etwas frische Pfefferminze oder Zitronenmelisse. Ein Stück Ingwer macht es würziger. Sehr aromatisch: Gurkenscheiben und Basilikumblätter!

Für Eistee kochen Sie eine Kanne grünen oder Kräutertee und stellen ihn über Nacht kühl. Am nächsten Tag nach Belieben noch etwas Zitronensaft oder einige Obstscheiben hineingeben.

ESSEN ALS MEDIZIN

Welche Lebensmittel wirken sich bei welchen Beschwerden günstig aus – wo heißt es „Finger weg“? Das zeigen die Ernährungs-Docs auf den kommenden Seiten. Ob Typ-2-Diabetes, Migräne oder Fettleber: Oft wird mit speziellem Essen mehr erreicht als mit Tabletten. Wer von einer chronischen Krankheit betroffen ist, gelangt mit der richtigen Ernährung zu mehr Wohlbefinden.

Diabetes mellitus

Die „Zuckerkrankheit" – ein Volksleiden: In Deutschland behandeln Ärzte rund sechs Millionen Diabetiker, und die Zahl nimmt stetig zu. Über 90 Prozent von ihnen leiden aufgrund ihres Lebensstils an Typ-2-Diabetes, der teils ernährungsmedizinisch heilbar ist. Bei Diabetes Typ 1 beugt eine spezielle Ernährung Folgeschäden vor.

Bei Diabetes Typ 1 handelt es sich um eine Autoimmunerkrankung, die oft schon in Kindheit oder Jugend auftritt. Das Immunsystem zerstört dabei die Zellen der Bauchspeicheldrüse, welche Insulin produzieren. Ohne dieses Hormon funktioniert der Blutzuckerstoffwechsel jedoch nicht. Typ-1-Diabetiker müssen sich daher lebenslang Insulin spritzen.

Im Aufwärtstrend: Diabetes Typ 2

Dagegen entwickelt sich der Typ-2-Diabetes meist bei Erwachsenen in der zweiten Lebenshälfte. Früher hieß er deshalb auch „Altersdiabetes". Jedoch trifft es mittlerweile zunehmend schon junge Menschen, sogar Kinder. Ursache ist eine sogenannte Insulinresistenz. Muss die Bauchspeicheldrüse wegen zu kohlenhydrathaltiger Ernährung ständig hohe Insulinmengen produzieren, kann die Empfindlichkeit der Körperzellen für diesen Botenstoff nachlassen – sie werden resistent. Ein Teufelskreis: Die Zellen nehmen nicht genug Zucker aus dem Blut auf, der Blutzuckerspiegel sinkt nicht mehr richtig, die Bauchspeicheldrüse läuft ständig auf Hochtouren – und produziert doch nicht genug Insulin. Im schlimmsten Fall stellt sie irgendwann erschöpft ihren Dienst ein.

Betroffen sind vor allem Menschen mit familiärer Veranlagung. Übergewicht verdoppelt das Risiko, an Typ-2-Diabetes zu erkranken – aber längst nicht jeder Diabetiker ist übergewichtig. Kommt Bewegungsmangel hinzu, wird also kaum Blutzucker von den Muskeln als Energie verbraucht, kann die Insulinresistenz schnell voranschreiten. Und das geschieht leider häufig unbemerkt, denn die typischen Diabetes-Symptome stellen sich beim Typ 2 oft erst in einem fortgeschrittenen Stadium ein.

Schwangerschaftsdiabetes als Warnzeichen

Bei rund vier Prozent der werdenden Mütter tritt ein Schwangerschaftsdiabetes auf. Der Zuckerstoffwechsel gerät aus den Fugen – meist nach dem fünften Monat. Das liegt an den Schwangerschaftshormonen: Nach der Geburt pendeln sich die Blutzuckerwerte meist von selbst wieder ein. Allerdings entwickelt fast die Hälfte aller Betroffenen im Laufe von zehn Jahren nach der Geburt einen Typ-2-Diabetes.

Mögliche Symptome von Diabetes Typ 1 und fortgeschrittenem Typ 2

Durch hohe Blutzuckerspiegel kommt es bei vielen Diabetikern zu Verengungen der kleinen und später auch großen Blutgefäße. Damit einher gehen Nervenschädigungen (Polyneuropathie) oder Netzhauterkrankungen. Weitere mögliche Symptome sind:

- Durst
- Häufiges Wasserlassen
- Abwechselnd Appetitlosigkeit und Hungerattacken
- Übelkeit, Bauchschmerzen
- Wachstumsstörung, Bettnässen, Gewichtsabnahme (bei Kindern)

Zivilisationskrankheit Metabolisches Syndrom

Im Volksmund auch bekannt unter dem Namen „tödliches Quartett“, kommen beim Metabolischen Syndrom vier Risikofaktoren zusammen:

1. Erhöhte Blutzuckerwerte (Insulinresistenz, Prädiabetes oder Diabetes)
2. Zu viel Bauchfett (abdominelle Adipositas)
3. Bluthochdruck (arterielle Hypertonie)
4. Fettstoffwechselstörung (Hypertriglyzeridämie und zu wenig HDL-Cholesterin)

Das Metabolische Syndrom ist als Auslöser von Erkrankungen der arteriellen Gefäße gefürchtet: Es drohen koronare Herzkrankheit, Herzinfarkt und Schlaganfall. Stellt der Arzt diese Diagnose, ist es wirklich fünf vor zwölf. Jetzt muss vor allem das Übergewicht runter, wobei eine professionelle Ernährungstherapie unter ärztlicher Begleitung und reichlich Bewegung an erster Stelle stehen. Mit dem Schwinden des Bauchfetts pendeln sich Blutfette und Blutdruck allmählich ein.

- Sehverschlechterung, wechselnde Sehstärke
- Juckreiz, trockene Haut
- Muskelkrämpfe
- Schlecht heilende Wunden, besonders an den Füßen
- Harnwegsinfekte
- Menstruationsstörungen, verminderte Fruchtbarkeit bei Frauen
- Potenzstörungen, Libidoverlust
- Psychische Veränderungen wie aggressives Verhalten

Wo beginnt Diabetes Typ 2?

Der normale Nüchternblutzucker beträgt morgens nach dem Aufstehen 80 bis 90 Milligramm pro Deziliter. Erhöhte Morgenwerte können auf einen Prädiabetes hinweisen, also eine beginnende Insulinresistenz. Zeit zu handeln! Denn im Frühstadium besteht eine reelle Chance auf vollständige Heilung dieser Stoffwechselstörung.

Um die Insulinproduktion wieder anzukurbeln, lautet das Erfolgsrezept: Ernährungsumstellung und Bewegung. Auf den Tisch kommt eine ausgewogene Mischkost mit viel Gemüse. Mit Kohlenhydraten sollten Sie sparsam umgehen – wenn, dann wählen Sie davon die Vollkornvariante. Fast Food und Fertigprodukte streichen Sie am besten, ebenso wie übermäßigen Alkoholkonsum und das Rauchen. Als Kurzkur können Sie jederzeit Hafertage zwischenschalten.

Die Ernährungs-Docs

Zum Frühstück empfehlen sich Haferflocken und Haferkleie – etwa als Porridge oder im Quark. Zwei bis drei Esslöffel Hafer können den Blutzuckerspiegel vormittags auf einem gesunden Niveau halten.

Haferkur für den Blutzuckerspiegel

Zu Beginn einer Ernährungsumstellung bei Diabetes mellitus Typ 2 ist oft eine mehrtägige Haferkur sinnvoll. Hafer enthält viele Kohlenhydrate, hat aber einen vergleichsweise geringen glykämischen Index. Das bedeutet: Beim Verzehr von Hafer steigt der Blutzuckerspiegel nur langsam an und nicht so stark. Denn im Hafer steckt reichlich Beta-Glucan: ein Ballaststoff, der den Blutzuckerspiegel senken hilft und auch den Fettstoffwechsel reguliert. Während der drei Therapietage darf der Hafer nur mit Wasser oder fettfreier Brühe zubereitet werden. Die Beigabe von Gemüse und zuckerarmen Früchten dient der geschmacklichen Abwechslung. Es ist sehr wichtig, die angegebene Mengen Haferflocken einzuhalten! Drei Tage lang gibt es zum Frühstück, Mittag- und Abendessen Hafergrütze – mehr nicht, zwischendurch fasten Sie. Wer das durchhält, kann die Kur um einen vierten Hafertag verlängern. Bitte dabei mindestens zwei Liter kalorienfreie Flüssigkeit am Tag (Wasser, Tee) trinken.

Kurtage mit Hafer – so geht's

In einem Topf 75 g Haferflocken mit 300 bis 500 ml Wasser oder fettfreier Brühe kurz aufkochen. Den Brei mit geschlossenem Deckel etwa 5 Minuten quellen lassen. Nach Geschmack mit Kräutern, Zwiebeln, Gemüse oder auch Beeren verfeinern – pro Tag zusätzlich erlaubt sind 50 g Erdbeeren oder Himbeeren, 100 g Lauch oder Champignons, außerdem Zwiebeln, Knoblauch, Kräuter und Gewürze und/oder etwas Zitronensaft.

Das Wichtigste im Überblick

- Essen Sie 3 Mahlzeiten pro Tag – und möglichst keine Zwischenmahlzeiten.
- Wenn Zwischenmahlzeiten nötig sind, dann blutzuckerneutrale: Gemüserohkost, 1 kleine Handvoll Nusskerne oder 1 hart gekochtes Ei.
- Auf angemessene Portionsgrößen achten: Es gilt das Handtellerprinzip (siehe Seite 30)!
- Viel Gemüse (zubereitet mit hochwertigen Ölen) bildet die Basis der Ernährung.
- Ballaststoffreiche beziehungsweise komplexe Kohlenhydratträger bevorzugen (wie Vollkornbrot, Vollkornnudeln, Vollkornreis).
- Zu jeder Mahlzeit Eiweiß kombinieren! Hochwertige Eiweißlieferanten wie mageres Fleisch, Fisch, Geflügel, Eier, fettarme Milch und Milchprodukte sowie Nusskerne und Hülsenfrüchte sättigen und verhindern Heißhungerattacken.
- Zucker meiden – das gilt auch für Fruchtzucker und versteckten Zucker in Fertigprodukten. Synthetische Süßstoffe sollten ebenso nicht bedenkenlos konsumiert werden. Gewöhnen Sie lieber Ihren Geschmack langsam an weniger Süße.
- Trinken Sie täglich 2 Liter energiefreie Getränke (Wasser, ungesüßten Tee, in Maßen Kaffee).
- Achten Sie auf Ihren Mineralstoffhaushalt – besonders auf Magnesium, Chrom und Zink. Durch den erhöhten Harndrang leiden viele Diabetiker daran Mangel. Mandeln, Kürbis- und Sonnenblumenkerne, Amarant, Quinoa und Meeresalgen sind die Magnesiumbomben unter den Lebensmitteln. Chrom steckt in Vollkornbrot und frischen Linsensprossen, reich an Zink sind Mandeln, Kürbiskerne und Hülsenfrüchte.
- Dass die regelmäßige Aufnahme von Zimt den Blutzucker dauerhaft senkt, ist nicht bewiesen. Also Vorsicht damit: Bei hoher Zimteinnahme droht eine Leberschädigung.
- Bewegen Sie sich täglich! Schon ein 30-minütiger Spaziergang hilft, den Blutzucker abzubauen.
- Bei Diabetes mit Normalgewicht die Ernährungstabelle ab Seite 52 beachten, bei Diabetes mit Übergewicht die LOGI-Tabelle ab Seite 54.

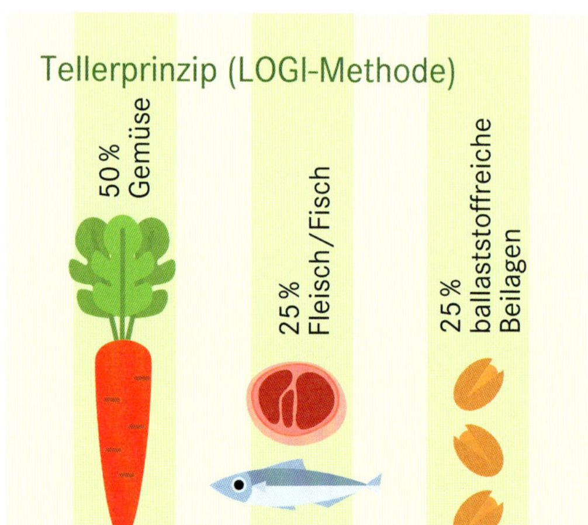

Adipositas

Adipositas ist weltweit auf dem Vormarsch. Übergewichtige gibt es immer mehr, und sie werden immer dicker. „Weniger Essen, viel Bewegung" – diese Devise allein hilft bei Fettleibigkeit nicht. Entscheidend sind vielmehr die Auswahl der richtigen Lebensmittel und eine veränderte Einstellung zum Genuss.

Das Übel beginnt schleichend mit ein paar Pölsterchen. Irgendwann gesellen sich unbemerkt noch ein paar Pfunde dazu, FdH und Diäten werden ausprobiert. Sie bescheren am Ende aber nur Frust und noch mehr Kilos. Schlussfolgerung: „Jetzt ist eh alles egal" – und zum Trost gibt's etwas Leckeres. Kennen Sie das?

Vielfältige Ursachen für Übergewicht

Übergewicht kann viele Gründe haben, etwa eine hormonelle Störung oder genetische Faktoren. Die Hauptursache ist allerdings meist ganz schlicht in der ungünstigen Kombination aus ungesunden Essgewohnheiten und mangelnder Bewegung zu suchen. Wie viel schneller ist doch zu Hause ein Fertiggericht aufgewärmt als ein Berg Gemüse geschält und gekocht. Das Knistern der Chipstüte (light!) vor dem Fernseher gehört zum Entspannungsritual. Viel Energie, aber wenig Nährstoffe: Da meldet der Körper bald wieder Hunger. So wachsen die Fettzellen – und sie bleiben. Denn aus Zeitmangel oder Bequemlichkeit fahren wir Auto statt Fahrrad, nehmen den Lift statt der Treppe und sitzen zu viel.

Auch psychische Faktoren haben einen nicht zu unterschätzenden Einfluss – etwa bei Einsamkeit, Niederlagen, Partner- oder Jobverlust oder im Zuge einer handfesten Depression: Essen kann dann die Rolle des Seelentrösters spielen. Man „versüßt" sich all das Unangenehme des Alltags oder „frisst die Sorgen in sich hinein". Es kann passieren, dass die Gedanken nur noch ums Essen kreisen. Wie unter Zwang wird dann immer mehr konsumiert, mitunter packungsweise. Was folgt, sind meist Schuldgefühle – die wieder mit Essen betäubt werden. Ein Teufelskreis, aus dem Betroffene oft nur mit ärztlicher Unterstützung ausbrechen können.

Bin ich viel zu dick?

Ein herkömmlicher Indikator für Fettleibigkeit ist der Body-Mass-Index (BMI). Ab BMI 25 spricht man von Übergewicht (Präadipositas). Bei einem BMI von 30 und mehr liegt Fettleibigkeit vor. Um den BMI zu berechnen, teilen Sie Ihr Gewicht (in kg) durch das Quadrat Ihrer Körpergröße (in m). Beispiel: Eine Frau ist 1,69 m groß und 85 kg schwer. Ihr BMI ist $85 : (1{,}69)^2 = 29{,}8$, liegt also an der Grenze zur Fettleibigkeit.

Auf den Bauchumfang kommt's an

Krankmachend wirkt insbesondere das Bauchfett (abdominelle Adipositas), denn es produziert entzündungsfördernde Hormone. Frauen sollten einen Bauchumfang von unter 80 cm haben, bei mehr als 88 cm ist das Herz-Kreislauf-Risiko deutlich erhöht. Für Männer gelten unter 94 cm Bauchumfang als gut, über 103 cm als gefährlich.

Auch die Fettverteilung ist wichtig: Um das Taille-Hüft-Verhältnis zu ermitteln, teilen Sie Ihren Bauchumfang (gemessen 4 cm über dem Beckenkamm) durch den Hüftumfang. Liegt das Ergebnis über 0,8 (Frauen) oder 0,9 (Männer), ist das Risiko für Folgeerkrankungen erhöht.

Übergewicht und seine Folgen

Studien zeigen: Übergewichtige Menschen sind nicht nur einem hohen psychosozialen Leidensdruck ausgesetzt. Sie sind auch anfälliger für Folgeerkrankungen wie

- Herz- und Kreislauf-Erkrankungen (Schlaganfall, Herzinfarkt, koronare Herzkrankheit)
- Arteriosklerose
- Diabetes mellitus Typ 2
- Gelenkerkrankungen
- Venenleiden (Krampfadern)
- Atmungsstörungen im Schlaf (Schlafapnoe)
- Hormonelle Beschwerden
- Erkrankungen von Galle und Leber
- Krebs (Gebärmutter, Brust, Prostata, Gallenblase, Darm)
- Hauterkrankungen
- Verminderte Fruchtbarkeit
- Komplikationen bei Geburt und Stillzeit

Beim Verdacht auf Fettleibigkeit ist vom Arzt die Funktion der Schilddrüse abzuklären. Blut- und Urinuntersuchungen geben Aufschluss über mögliche behandlungsbedürftige Folgeerkrankungen und helfen, das persönliche kardiovaskuläre Risiko einzuschätzen (siehe Seite 45, Metabolisches Syndrom).

Leben ist Veränderung!

Um von den Kilos runterzukommen, müssen Sie Ihr Leben ganz neu in die Hand nehmen. Ein Ernährungstagebuch (siehe Seite 37 und Beilage hinten im Buch) ist eine wertvolle Hilfe, um sich darüber klar zu werden, was man in welchen Situationen isst und wo die größten Fallen lauern. Es sind viele Umstellungen nötig! Ein erster wichtiger Schritt ist, Fertiggerichte, Weißmehlprodukte wie Toast, Kuchen und Gebäck, Chips und sonstigen Knabberkram aus Ihrer Umgebung zu verbannen. Sie sind meist kalorienreich und nährstoffarm. Gönnen Sie Ihrem Körper das, was er braucht: eine kalorienreduzierte Kost, die aber reich an Vitaminen und Nährstoffen ist. Seien Sie gut zu sich selbst! Verfahren Sie am besten nach unserem Zehn-Punkte-Plan auf Seite 34.

Besonders wenn das Essen bei Ihnen mit unkontrollierbaren Heißhungerattacken, Schuldgefühlen oder Reue verknüpft ist, sollten Sie sich für die Umstellungsphase psychologische Unterstützung holen (unter www.bdem.de). Gegebenenfalls kommt eine ambulante Therapie infrage.

Schlafapnoe (Schnarchen)

Das Schlafapnoe-Syndrom ist eine nächtliche Atemstörung, bei der es im Schlaf immer wieder zu längeren Atemstillständen kommt. Symptome sind massives Schnarchen, Müdigkeit am Tag, Kopfschmerzen, Reizbarkeit und Konzentrationsstörungen. Als Hauptrisiko für das krankhafte Schnarchen gilt Übergewicht. Teile des Gaumens werden dicker und blockieren im Schlaf die Luftwege.

Der häufige Totalausfall der Atmung im Schlaf kann schwere Folgen für die Gesundheit haben: Ein Zusammenhang mit Bluthochdruck, Herzinfarkt und Schlaganfall ist nachgewiesen. Aktuelle Studien zeigen deutlich, dass eine Gewichtsreduktion die effektivste Behandlung ist. Abnehmen wirkt sich direkt auf den Schweregrad der Schlafstörung aus und verhindert Folgekrankheiten.

Die Ernährungs-Docs

Zelebrieren Sie Ihre Mahlzeiten – essen Sie bewusst und in Ruhe. Oft schütten wir Kalorien ganz nebenbei in uns hinein: das Abendessen vorm Fernseher, den Knabberkram beim Skatabend, eine Latte macchiato to go beim Shopping. Dabei geht das Sättigungsgefühl verloren.

Das Wichtigste im Überblick

- Essen Sie drei Mahlzeiten pro Tag – aber verzichten Sie nach Möglichkeit auf Zwischenmahlzeiten oder Snacks.
- Täglich auf den Tisch kommen sollten frisches Gemüse (zubereitet mit hochwertigen Ölen) und zuckerarme Obstsorten – am liebsten in Bio-Qualität, sodass beim Gemüse die Schale mitverzehrt werden kann. Optimal sind weiterhin gering verarbeitete Lebensmittel.
- Kochen Sie frisch, so oft es geht! Fast Food und Fertiggerichte wie Pommes, Gyros, Burger, Pizza sind Fett- und Zuckerfallen – machen Sie einen Bogen darum. Wenn Fertigkost aus Zeitgründen doch einmal sein muss, werten Sie sie am besten immer mit frischem Gemüse als Belag oder Rohkost als Beilage auf.
- Sparen Sie Kohlenhydrate am besten schon morgens: Der fruchtige Frühstücksquark (Rezept siehe Seite 108) macht lange satt und ist ein gesunder Start in den Tag.
- Zu jeder Mahlzeit einen Eiweißlieferanten kombinieren: Fettarme Milchprodukte (ohne zugesetzten Zucker und ohne Aromen), Fisch und mageres Fleisch versorgen den Körper mit hochwertigen Proteinen. Sie sorgen für eine lang anhaltende Sättigung.
- Auch Nusskerne und Hülsenfrüchte machen lange satt und verhindern Heißhungerattacken.
- Davon sollten Sie so wenig wie möglich essen: Kartoffeln, Nudeln, Reis und Brot. Wenn Sie diese typischen Beilagen wählen, dann bitte ballaststoffreiche Kohlenhydrate bevorzugen (Vollkornnudeln, Vollkornbrot, Vollkornreis).
- Wenn es ohne Knabberei nicht mehr geht, stellen Gemüsesticks eine tolle Alternative dar. Sie sind zuckerarm und sichern darüber hinaus eine Basisversorgung mit Vitaminen, Mineral- und Ballaststoffen.
- Bewegung muss sein! Und zwar möglichst mit Freude daran. Egal, ob Radfahren oder Tischtennis, Gartenarbeit oder ein Hausputz: Von körperlichen Aktivitäten profitiert der Stoffwechsel in jedem Fall.
- Mit der wichtigste Tipp: richtig trinken! Durstlöscher sollten kalorienfrei sein – greifen Sie also zu Wasser und Tees. Auch bis zu drei Tassen Kaffee (schwarz) am Tag sind in Ordnung. Light-Limonaden sollten Sie möglichst meiden (siehe Seite 27).
- Erwachsene mit Adipositas beachten die LOGI-Ernährungstabelle von Seite 54; für Kinder mit Übergewicht gilt die Ernährungstabelle von Seite 52.

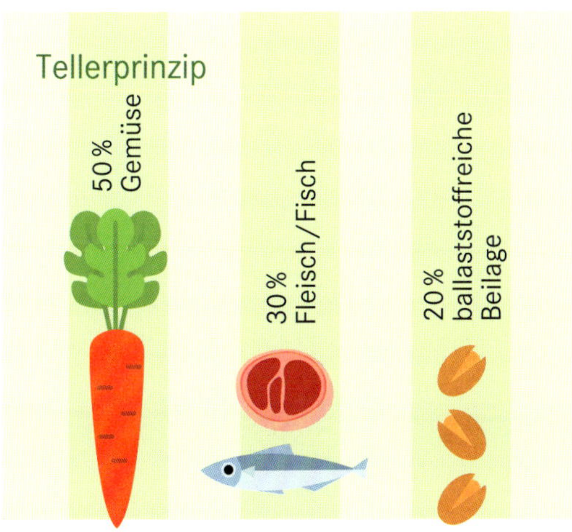

Fettleber

Weitverbreitet und selten bemerkt: Knapp ein Viertel aller Erwachsenen in Deutschland leidet unter Leberverfettung. Mögliche Spätfolgen reichen von Gefäßerkrankungen über Hepatitis bis hin zu Leberkrebs. Glücklicherweise kann der Körper das Leberfett komplett wieder abbauen, wenn die Voraussetzungen dafür geschaffen werden.

Leberverfettung ist eine typische Zivilisationskrankheit: mangelnde Bewegung, zu viele Snacks, Weißmehl- und Fertigprodukte. Von den stark Übergewichtigen und den Diabetikern haben rund 85 Prozent eine Fettleber, sogar schon jedes dritte übergewichtige Kind. Aber auch schlanke Menschen sind nicht davor gefeit: Eiweißmangel – beispielsweise durch Unterernährung – kann zu einer Fettleber führen, ebenso Alkoholmissbrauch und bestimmte Medikamente.

Die Leber leidet im Verborgenen. Selbst die Leberwerte im Blut (GOT, GPT) geben lange keinen Hinweis. Da eine verfettete Leber ihren Stoffwechselaufgaben nicht mehr richtig nachkommen kann, entgleisen aber allmählich die Blutzucker- und Blutfettwerte (siehe ab Seite 44 und 51).

Eine Ernährungsumstellung kann viel bewirken: In der Regel genügen eine ausgewogene Kost – am besten nach der LOGI-Methode – und der Verzicht auf Alkohol, um die Fetteinlagerungen vollständig zurückzubilden. Bei starkem Übergewicht ist außerdem kalorienreduzierte Kost angezeigt.

Die Ernährungs-Docs

Eine Möglichkeit, die Leber kurzfristig zu entfetten, sind sogenannte Formula-Diäten (siehe Seite 33). Diese Ernährung mit Eiweißshakes birgt allerdings Risiken und sollte deshalb nur zusammen mit einem Arzt geplant und durchgeführt werden. Wichtig: Shakes sind kein Ersatz für eine dauerhaft leberfreundliche Ernährungsumstellung.

Das Wichtigste im Überblick

- Maximal 3 Mahlzeiten pro Tag essen, dazwischen ist Pause für die Leber.
- Die Basis sollten Gemüse (zubereitet mit hochwertigen Ölen) und zuckerarmes Obst bilden.
- Zu jeder Mahlzeit genügend Eiweiß kombinieren! Hochwertige Eiweißlieferanten wie mageres Fleisch, Fisch, Geflügel, Eier, fettarme Milch und Milchprodukte sowie Nusskerne und Hülsenfrüchte sorgen für einen langen Sättigungseffekt und verhindern Heißhungerattacken.
- Ballaststoffreiche beziehungsweise komplexe Kohlenhydrate bevorzugen (Vollkornbrot, Vollkornnudeln, Vollkornreis).
- 2 bis 3 Liter pro Tag trinken: Wasser und Tees (am besten Löwenzahn und Schafgarbe).
- Nicht vergessen: genügend Bewegung!
- LOGI-Methode beachten (siehe ab Seite 54).

Tellerprinzip (LOGI-Methode)

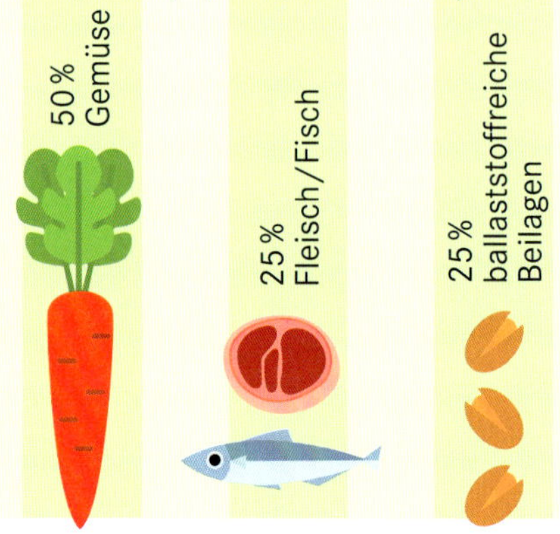

Fettstoffwechselstörungen

Fettstoffwechselstörungen (Hypertriglyzeridämien) sind heimtückisch, denn sie verursachen lange Zeit keine Beschwerden. Einmal erkannt, lassen sich erhöhte Blutfett- beziehungsweise Triglyzeridwerte aber ernährungsmedizinisch sehr positiv beeinflussen. Der Schlüssel zum Erfolg sind dabei „gute" Fette.

Studien zufolge haben 55 bis 60 Prozent der Erwachsenen in Deutschland zu viel Cholesterin im Blut, jeder Siebte hat erhöhte Triglyzeride. Entdeckt werden die problematischen Blutwerte meist nur zufällig bei einer Routineuntersuchung – oder wenn die Spätfolgen eintreten: Herzinfarkt und Schlaganfall.

Fettstoffwechselstörungen beruhen oft auf einem erblichen Stoffwechseldefekt – in Kombination mit einseitiger Ernährungsweise, Bewegungsmangel oder Übergewicht. Kommen Bluthochdruck, Diabetes, Rauchen oder familiäre Vorbelastung hinzu, steigt das Risiko für Herz-Kreislauf-Erkrankungen signifikant.

Betroffene sollten organische Ursachen für die Fettstoffwechselstörung vom Arzt ausschließen lassen – etwa Erkrankungen der Leber, Nieren, Schilddrüse oder Bauchspeicheldrüse. Und dann heißt es, den Speiseplan umzustellen: Ungesättigte Fettsäuren (siehe Seite 13) bringen Triglyzeridwerte wieder ins Lot – tierische Fette lieber meiden. Da der Körper überschüssige Kohlenhydrate zu Triglyzeriden verstoffwechselt, ist auch bei Snacks, Limonaden, Fertiggerichten und Alkohol Vorsicht angesagt.

Das Wichtigste im Überblick

- Die Basis sollte aus Gemüse (zubereitet mit hochwertigen Ölen) und zuckerarmem Obst bestehen – mediterrane Küche unter weitgehendem Verzicht auf Kohlenhydrate abends.
- Brot, Nudeln und Reis in der Vollkornvariante bevorzugen (Ballaststoffe!).
- 1- bis 2-mal pro Woche mageres, helles Fleisch, 2-mal pro Woche fettreichen Fisch wie Hering, Lachs – er liefert wertvolle Omega-3-Fettsäuren. Hüten Sie sich vor versteckten Zuckern und Fetten in Fertiggerichten, Snacks und Fast Food!
- Zu jeder Mahlzeit Eiweiß kombieren! Fettarme Milch, Milchprodukte sowie Nusskerne und Hülsenfrüchte sorgen für einen langen Sättigungseffekt und verhindern Heißhungerattacken.
- 2 Liter pro Tag trinken, am besten Wasser und grünen Tee.
- Beachten Sie die Lebensmittelliste von Seite 52.

Die Ernährungs-Docs

Treppensteigen, Tennis, Gartenarbeit: Bewegung ist Gold wert! Wer Kalorien verbrennt, senkt seinen Blutfettspiegel – jedes Kilo näher am Idealgewicht entlastet den gesamten Organismus.

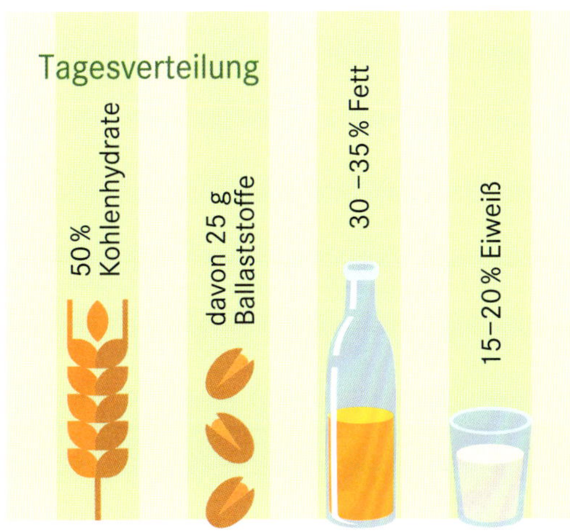

Lebensmittelauswahl bei Diabetes (Normalgewicht), Fettstoffwechselstörungen, Adipositas (bei Kindern)

	Empfehlenswert	Nicht empfehlenswert
Getreide wie Brot & Beilagen wie Nudeln, Kartoffeln, Reis (für Kinder: 4 Kinderhände)	Vollkornbrot, Vollkornprodukte: vor allem aus Hafer (Haferkleie), Gerste, Dinkel, Roggen Haferflocken, Müsli ohne Zucker Vollkornnudeln, Vollkornreis, Pellkartoffeln	Weißbrot, Toastbrot, Zwieback, Weizenbrötchen/Milchbrötchen, Croissant Hartweizennudeln, geschälter Reis, Pfannkuchen Kartoffelprodukte wie Pommes, Kroketten, Kartoffelbrei, -puffer Fertiggerichte, Fast Food
Snacks & Knabbereien (bei Bedarf 1 kleine Handvoll am Tag)	Gemüserohkost, Nusskerne oder 1 hart gekochtes Ei	süße Backwaren, Süßigkeiten, süße Milchprodukte (siehe rechts); Salzgebäck **bei Fettstoffwechselstörung:** Chips, Flips
Obst (2 Portionen am Tag, 1 Kinderportion = 2 Kinderhände)	Apfel, Aprikose, Brombeeren, Clementine, Erdbeeren, Grapefruit, Heidelbeeren, Himbeeren, Johannisbeeren, Kiwi, Nektarine, Orange, Papaya, Pfirsich, Pflaume, Sauerkirsche, Stachelbeere, Wassermelone, Zwetschge	gezuckerte Obstkonserven, Obstmus, kandiertes Trockenobst **in Maßen:** Ananas, Banane, Birne, Honigmelone, Kaki (Sharonfrucht), Kirsche, Mango, Weintrauben
Gemüse (3 Portionen am Tag, 1 Kinderportion = 2 Kinderhände)	Aubergine, Bohnen, Erbsen, Fenchel, Gurke, Möhre, alle Kohlarten, Linsen, Paprika, alle Pilzarten, Radieschen, Salat, Sauerkraut, Spargel, Spinat, Tomate, Zucchino **für Kinder:** alle Gemüsesorten außer Mais	Mais, Süßkartoffel**, Tiefkühlgemüse mit Sahne oder Butter**
Nusskerne & Samen (ca. 20 g am Tag)	Cashew-, Haselnuss-, Kürbiskerne, Mandeln, Pinien-, Sonnenblumen-, Walnusskerne	Erdnusskerne, Macadamia-Nusskerne**, ***; gesalzene Nusskerne
Fette & Öle (1–2 EL am Tag)	Olivenöl, Rapskernöl, Walnussöl, Leinöl* und Weizenkeimöl*; Butter	Schweine- und Gänseschmalz, Butterschmalz; Palmfett, Mayonnaise, Sonnenblumenöl, Distelöl

Getränke (ca. 2 l am Tag, Kinder: 1,5 l)	Wasser, ungesüßter Tee	Fruchtsaft, Softdrinks, Kakao, Alkohol **in Maßen:** Kaffee **für Kinder zusätzlich ungeeignet:** Light-Getränke
Fisch & Meeresfrüchte (1–2 x pro Woche, ca. 150 g)	Aal***, Forelle, Heilbutt, Hering, Kabeljau, Karpfen, Lachs, Makrele, Sardine/Sardelle, Scholle, Seezunge, Steinbutt, Thunfisch	Fisch in Mayonnaise oder Sahne eingelegt; panierter Fisch **bei Fettstoffwechselstörungen in Maßen:** Schalentiere wie Flusskrebse, Garnelen, Hummer, Krabben, Shrimps
Wurstwaren & Fleisch (1–2 x pro Woche, ca. 150 g)	Aspik, Corned Beef, Kassler, Koch- und Lachsschinken, Putenbrustaufschnitt, Schinkenzwiebelmettwurst Hühnerfleisch, Putenfleisch Schweinefilet**, Schweinerücken**, Rinderfilet**	Bauchspeck, Blutwurst, Bockwurst, Bratwurst, Fleischkäse, Fleischwurst, Leberkäse, Leberwurst, Mettwurst, Mortadella, Nackenfleisch, Salami, Schinkenspeck, Weißwurst paniertes Fleisch
Eier		**in Maßen:** Eier in fettarmer Zubereitung
Milch & Milchprodukte, Käse	fettarme Milch (1,5 % Fett), Buttermilch, Quark (bis 20 % Fett), Naturjoghurt (1,5 % Fett) Kochsahne, saure Sahne Käse (bis 45 % Fett i. Tr.) wie Schnittkäse, Weichkäse, Schafskäse/Feta, Mozzarella; besonders mager: Harzer Käse, körniger Frischkäse	Crème fraîche, Sahne, Schmand; Fruchtbuttermilch, Fruchtjoghurt, Fruchtquark, Kakaozubereitungen, Milchreis, Pudding

* Herstellung unter Ausschluss von Sauerstoff, Hitze und Licht (Oxyguard-/Omega-Safe-Verfahren). Optimal wirken Leinöl und Weizenkeimöl kombiniert.
** Entfällt bei Fettstoffwechselstörung.
*** Entfällt bei Kindern mit Adipositas.

LOGI-Lebensmittelauswahl bei Adipositas, Diabetes (Übergewicht) und Fettleber

	Empfehlenswert	Nicht empfehlenswert
Getreide wie Brot & Beilagen wie Nudeln, Kartoffeln, Reis	**in Maßen:** Vollkornbrot, Vollkorngetreideprodukte, insbesondere aus Hafer (Haferkleie), Gerste, Dinkel, Roggen Haferflocken, Müsli ohne Zucker Vollkornnudeln, Vollkornreis, Pellkartoffeln	Weißbrot, Toastbrot, Zwieback, Weizen-/Milchbrötchen, Croissant Hartweizennudeln, geschälter Reis, Pfannkuchen Kartoffelprodukte wie Pommes, Kroketten, Kartoffelbrei, -puffer Fertiggerichte, Fast Food
Snacks & Knabbereien (1 kleine Handvoll am Tag, max. 25 g)		süße Backwaren, Süßigkeiten, süße Milchprodukte (siehe rechts) Salzgebäck, Chips, Flips
Obst (1–2 Portionen am Tag)	Apfel, Aprikose, Brombeeren, Clementine, Erdbeeren, Grapefruit, Heidelbeeren, Himbeeren, Johannisbeeren, Kiwi, Nektarine, Orange, Papaya, Pflaume, Pfirsich, Sauerkirsche, Stachelbeeren, Wassermelone, Zwetschge **bei Fettleber geeignet:** Apfelpektin, Beerenobst	gezuckerte Obstkonserven, Obstmus, kandiertes Trockenobst **in Maßen bei Adipositas und Diabetes, ungeeignet bei Fettleber:** Ananas, Birne, Banane, Honigmelone, Kirschen, Kaki (Sharonfrucht), Mango, Weintrauben
Gemüse (3 Portionen am Tag)	Aubergine, Artischocke, Bohnen, Erbsen, Fenchel, Gurke, alle Kohlarten, Linsen, Möhre, Paprika, alle Pilzarten, Radieschen, alle Salatsorten, Sauerkraut, Sojabohne, Spargel, Spinat, Tomate, Zucchino	Mais **in Maßen bei Fettleber, ungeeignet bei Adipositas und Diabetes:** Süßkartoffel
Nusskerne & Samen (ca. 40 g am Tag)	Cashewkerne, Haselnusskerne, Kürbiskerne, Macadamianusskerne, Mandeln, Pinienkerne, Sonnenblumenkerne, Walnusskerne	Erdnusskerne und gesalzene Nusskerne

Fette & Öle (ca. 3 EL am Tag)	Olivenöl, Rapskernöl, Walnussöl, Leinöl* und Weizenkeimöl*; Butter	Schweine- und Gänseschmalz, Butterschmalz; Palmfett, Mayonnaise, Sonnenblumenöl, Distelöl
Getränke (ca. 2 l am Tag)	Wasser, ungezuckerter Tee und Kaffee	Fruchtsaft, Softdrinks, Kakao, Alkohol **in Maßen:** Light-Getränke
Fisch & Meeresfrüchte (1–2 x pro Woche, ca. 200–250 g)	Aal, Forelle, Heilbutt, Hering, Kabeljau, Karpfen, Lachs, Makrele, Sardine/Sardelle, Scholle, Seezunge, Steinbutt, Thunfisch Schalentiere wie Flusskrebs, Garnelen, Hummer, Krabben, Shrimps	Fisch in Mayonnaise oder Sahne eingelegt panierter Fisch
Wurstwaren & Fleisch (2–3 x pro Woche, ca. 200–250 g)	Aspik, Corned Beef, Kassler, Koch- und Lachsschinken, Putenbrustaufschnitt, Schinkenzwiebelmettwurst Hühnerfleisch, Putenfleisch Schweinefilet, Schweinerücken Rinderfilet	**in Maßen:** Bauchspeck, Blutwurst, Bockwurst, Bratwurst, Fleischkäse/-wurst, Leberkäse/-wurst, Mettwurst, Mortadella, Nackenfleisch, Salami, Schinkenspeck, Weißwurst paniertes Fleisch
Eier (ca. 5 pro Woche)	**keine Einschränkungen**	
Milch & Milchprodukte, Käse	Kochsahne (15% Fett), saure Sahne (10% Fett), Milch (1,5–3,5% Fett), Buttermilch, Quark (bis 20% Fett), Naturjoghurt (1,5–3,5% Fett) Käse (bis 45% Fett i. Tr.) wie Schnittkäse, Weichkäse, Schafskäse/Feta, Mozzarella	Sahne, Schmand, Crème fraîche Pudding, Milchreis, Fruchtjoghurt, Fruchtquark, Kakaozubereitungen, Fruchtbuttermilch **bei Fettleber:** nur fettarme Milch und Milchprodukte

* Herstellung unter Ausschluss von Sauerstoff, Hitze und Licht (Oxyguard-/Omega-Safe-Verfahren). Optimal wirken Leinöl und Weizenkeimöl kombiniert.

Bluthochdruck

Auch wenn der chronische Bluthochdruck (arterielle Hypertonie) kaum Beschwerden verursacht, birgt er Gefahren: Nach dem Rauchen ist er der größte Risikofaktor für eine lebensverkürzende Herz-Kreislauf-Erkrankung. Mit reichlich Bewegung und einer mediterranen Küche steuern Sie effektiv gegen.

Beim Bluthochdruck liegt der Druck in den Gefäßen, die das Blut vom Herzen zu den Organen leiten, chronisch bei 140/90 mmHg oder mehr. Ursachen sind meist: Übergewicht, mangelnde Bewegung, Alkohol, Rauchen. Stress treibt den Blutdruck ebenfalls nach oben. Auch die Hormone spielen eine Rolle: Nach den Wechseljahren sind mehr Frauen als Männer betroffen – in jungen Jahren ist es umgekehrt.

Die möglichen Anzeichen wie Schwindel, Ohrensausen, Abgeschlagenheit oder Schlaflosigkeit sind wenig eindeutig. Viele erfahren daher erst von ihrer Krankheit, wenn Folgeschäden eingetreten sind: koronare Herzkrankheit, Herzinfarkt oder Schlaganfall.

Wer seinen Bluthochdruck in den Griff bekommen will, setzt viel frische, mit Kräutern gewürzte Mittelmeerkost auf seinen Speiseplan. Süßes und Snacks vermeiden – außer gelegentlich eine kleine Handvoll Trockenfrüchte, die sind reich an Kalium. Außerdem gilt es, Lebensgewohnheiten positiv zu verändern: Nikotinverzicht, Stressabbau, mehr Bewegung!

Das Wichtigste im Überblick

+ Schluss mit dem Rauchen!
+ Bauen Sie Übergewicht ab: Pro 10 Kilogramm sinkt der Blutdruck durchschnittlich ungefähr um 12/8 mmHg.
+ Viel Wasser und Kräutertees trinken.
+ Alkohol bitte begrenzen: pro Tag maximal 1 bis 2 Gläser Wein oder eine Flasche Bier.
+ Mit Entspannungsübungen Stress abbauen.
+ Speisen nicht nachsalzen – mit Kräutern würzen.
+ Morgens Quark/Joghurt mit Müsli und Obst essen oder 2 Scheiben Vollkornbrot mit etwas Butter und Marmelade, Honig oder Aufschnitt.
+ Mittags und abends Mittelmeerküche wählen, etwa Fisch aus dem Ofen oder helles Fleisch mit gedünstetem Gemüse, Salat in Öl und Essig, Naturreis oder Pellkartoffeln. Brot weglassen.
+ Fertigprodukte – egal, ob aus dem Kühlregal oder der Dose – vermeiden: Sie stecken voller Fette und versteckter Zuckerstoffe.

Die Ernährungs-Docs

Bringen Sie Bewegung in Ihren Alltag! Ideal sind mindestens 30 Minuten Ausdauersport an der frischen Luft, etwa Wandern, Schwimmen – oder einfach Spazierengehen.

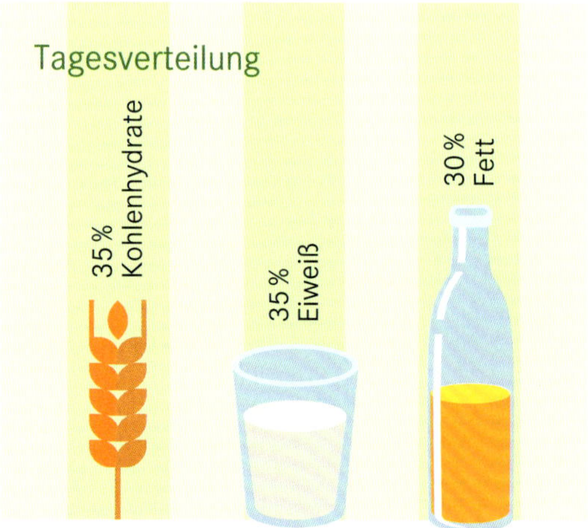

	Empfehlenswert	Nicht empfehlenswert
Getreide wie Brot & Beilagen wie Nudeln, Kartoffeln, Reis	Vollkornbrot, Dinkelbrot, Vollkorn-/Dinkelbrötchen; Vollkornnudeln/-reis, Pellkartoffeln; Haferflocken, Müsli ohne Zucker	Weißbrot, Toast, Zwieback, Knäckebrot, Weizen-/Milchbrötchen, Croissant, Laugengebäck; Hartweizennudeln, geschälter Reis, Pommes, Kroketten, Kartoffelpuffer; Fertiggerichte, Fast Food
Snacks & Knabbereien (max. 1 Handvoll am Tag)	Gemüsesticks, Trockenfrüchte	Schokolade, süße Backwaren, Süßigkeiten, süße Milchprodukte (siehe unten); Salzgebäck, Chips, Flips
Obst (2 Portionen am Tag)	fast alle Obstsorten, vor allem Beerenobst	gezuckerte Obstkonserven, Obstmus, kandierte Früchte
Gemüse (3 Portionen am Tag)	fast alle Gemüsesorten, vor allem Hülsenfrüchte (Erbsen, Linsen), Kartoffeln, Pilze, Spinat	**in Maßen:** Mais, Gemüsekonserven (zu salzreich)
Nusskerne & Samen (ca. 20 g am Tag)	Cashew-, Haselnuss-, Kürbiskerne, Macadamianusskerne, Mandeln, Pinien-, Sonnenblumen-, Walnusskerne	Erdnusskerne, gesalzene Nusskerne
Fette & Öle (ca. 2 EL am Tag)	Olivenöl, Walnussöl, Leinöl*; Butter (nicht mehr als 15 g am Tag)	Schweine-/Gänse-/Butterschmalz, Palmfett, Sonnenblumen-, Distelöl
Getränke (2–3 l am Tag)	Wasser, ungezuckerter Kräutertee	Fruchtsaft, Softdrinks, Kakao, Fruchtbuttermilch, Alkohol, Mineralwasser mit einem Natriumgehalt über 20 mg/l **in Maßen:** Kaffee, Schwarz-/Grüntee
Fisch & Meeresfrüchte	Aal, Forelle, Heilbutt, Hering, Kabeljau, Karpfen, Lachs, Makrele, Sardine, Scholle, Seezunge, Steinbutt, Thunfisch	Fisch in Mayonnaise oder Sahne, eingesalzener Fisch, Schalentiere wie Garnelen, Hummer
Wurstwaren & Fleisch	magere, ungepökelte Fleisch- und Wurstwaren Hühner-/Putenfleisch	rotes Fleisch, fette Wurstwaren (Blut-, Bock-, Brat-, Fleischwurst, Mortadella, Salami), Bauchspeck, Leberkäse, Nackenfleisch, Schinkenspeck, Schinken
Eier	**keine Einschränkungen**	
Milch & Milchprodukte, Käse	fettarme Milch (1,5 % Fett), Buttermilch, Quark (bis 20 % Fett); Naturjoghurt (1,5 % Fett) Käse (bis 45 % Fett i. Tr.) wie Schnittkäse, Weichkäse, Schafskäse, Mozzarella; besonders mager: Harzer Käse, körniger Frischkäse	Mayonnaise, Sahne, Schmand, Crème fraîche Gesüßtes wie Pudding, Milchreis, Fruchtjoghurt, Fruchtquark

* Herstellung unter Ausschluss von Sauerstoff, Hitze und Licht (Oxyguard-/Omega-Safe-Verfahren).

Arthrose

Arthrose ist ein Verschleiß der Gelenke. Am häufigsten betroffen sind Knie, Hüfte und Hände. Es wird mit den Jahren schmerzhafter und schwieriger, die kranken Gelenke zu bewegen. Eine individuell abgestimmte Ernährungsumstellung kann die Beschwerden deutlich verbessern.

Der schützende Knorpel im Gelenk nutzt sich ab. Die Schleimhaut wird gereizt, Knochen reibt auf Knochen: Eine Entzündung und starke Schmerzen sind die Folgen. Dauerbelastungen, Verletzungen und vor allem Übergewicht sorgen dafür, dass Gelenke verschleißen. Beim Laufen müssen die Knie das 2,5-Fache des Körpergewichts abfedern, beim Treppensteigen das 3,5-Fache. Zudem geht von den Fettzellen eine systemische Entzündung aus, die den Knorpel schädigt. Ziel der Ernährungsumstellung ist es, die Arthroseschmerzen zu lindern und Medikamente einzusparen. Die Therapie basiert auf zwei Säulen: Hemmung der Entzündung und Entlastung der Gelenke durch den Abbau überflüssiger Kilos. Wissenschaftliche Untersuchungen zeigen, dass zehn Kilo Gewichtsverlust die Schmerzen um die Hälfte reduzieren kann.

Weniger Kalorien und tierische Produkte

Auf den Speiseplan gehören dabei viel Gemüse und Vitamine, dafür wenig Kalorien und tierische Produkte. Denn Fleisch und Eier enthalten Arachidonsäure, eine mehrfach ungesättigte Fettsäure, die die Entzündungen in den Gelenken befeuert. Milch und Milchprodukte hingegen haben einen geringen Arachidonsäuregehalt und können deshalb häufiger verzehrt werden. Die Versorgung mit Omega-3-haltigen Fettsäuren aus hochwertigen Pflanzenölen hilft effektiv, die Entzündung zu bekämpfen – genau wie Antioxidantien, die in Beeren, Nusskernen und Hülsenfrüchten vorkommen, vor allem in Kidneybohnen. Zudem empfehlen die Ernährungs-Docs eine Gewürzmischung aus Kreuzkümmel, Muskatnuss und Koriander, die für eine bessere Durchblutung in der Gelenkkapsel sorgen kann.

Die Ernährungs-Docs

Entscheidend für die Verbesserung von Arthrose in den Gelenken ist körperliche Aktivität, sie wirkt dem Verschleiß entgegen. Denn durch Bewegung wird Gelenkflüssigkeit produziert, die den Knorpel ernährt und „schmiert".

Das Wichtigste im Überblick

- Verzehr von rotem Fleisch und Eiern möglichst einschränken.
- Kohlenhydrate reduzieren, also wenig Brot, Nudeln, Kartoffeln essen.
- 2- bis 3-mal pro Woche fetten Meeresfisch essen wie Lachs, Makrele oder Hering.
- Omega-3-haltige Öle wie Leinöl, Weizenkeimöl oder Olivenöl immer ergänzend verwenden.
- Ausreichend trinken, täglich 2 Liter Wasser oder ungesüßten Tee.
- Kalzium aus fettarmen Milchprodukten stärkt die Knochen.
- Lieferanten von Antioxidantien wählen, etwa Vitamin C (Zitrusfrüchte) und Vitamin E (Pflanzenöle, Nusskerne), grünen Tee, Kakao und Kaffee.
- Erdbeeren und Heidelbeeren enthalten entzündungshemmende Flavonoide (siehe Seite 63).
- Essen Sie täglich Salatgurke, sie enthält das schmerzstillende Spurenelement Bor.
- Beachten Sie die Lebensmittelliste von Seite 61.

Schuppenflechte

Betroffene der Schuppenflechte (Psoriasis) sind von juckenden roten Flecken geplagt, die mit silbrig-weißen Schuppen oder Pusteln übersät sind. Oft kommen noch diverse Begleiterkrankungen hinzu. Die richtige Ernährung ist bei diesem Krankheitsbild eine wichtige Säule der ergänzenden Behandlung.

Etwa drei von hundert Deutschen leben in ständiger Angst vor dem nächsten Schuppenflechte-Schub – einer chronisch-entzündlichen Hauterkrankung, die oft auch die Nägel befällt. Akute und weitgehend symptomfreie Phasen wechseln sich ab. Ursache ist eine erbliche Veranlagung. Allerdings bricht die Krankheit nicht bei jedem aus. Auslöser können Hautverletzungen, schwere Infektionen, Allergene oder Stress sein. Rauchen und Übergewicht sind wichtige Risikofaktoren.

Die Entzündungen eindämmen

Beim Psoriasis-Schub läuft die Zellerneuerung aus dem Ruder: Während Hautzellen beim gesunden Menschen von ihrer Entstehung bis zur Abschuppung einen Zyklus von knapp vier Wochen durchlaufen, geschieht das bei Psoriasis in drei bis sechs Tagen. Das Organ Haut läuft quasi heiß und kommt mit dem Abschuppen nicht nach.

Insulinresistenz, Leberverfettung und Bluthochdruck, aber auch entzündliche Erkrankungen wie Morbus Crohn oder rheumatoide Arthritis sind häufige Begleiter der Schuppenflechte. Unbedingt vorzubeugen ist dem „psoriatischen Marsch“, einer systemischen Entzündung, die zu einer deutlich geringeren Lebenserwartung führt.

Heilbar ist die Schuppenflechte nicht. Eine Ernährungsumstellung kann aber helfen, Begleiterkrankungen zu reduzieren, Schübe abzumildern und das Abheilen zu beschleunigen.

Die Ernährungs-Docs

Sekundäre Pflanzenstoffe unterdrücken die Aktivität der entzündlichen Schübe. Machen Sie sich am besten in der ersten Tageshälfte einen leckeren grünen Smoothie (siehe Rezepte ab Seite 90). Sie können ihn mit je 1 TL Lein- und Weizenkeimöl noch verfeinern.

Das Wichtigste im Überblick

- Übergewicht abbauen: Das Fettgewebe im Bauchraum sendet Entzündungsstoffe aus und befeuert die entzündlichen Hautveränderungen.
- Täglich 2 bis 3 Handvoll Gemüse (roh oder gegart) und 1 Handvoll Obst (vor allem Beeren) einplanen. Rohkost nicht abends verzehren!
- Fleischkonsum einschränken, denn in Schweine- und Kalbfleisch, aber auch in Eigelb und fettreichen Milchprodukten steckt die entzündungsfördernde Arachidonsäure.
- Mehr Fisch und Meeresfrüchte essen! Besonders Lachs, Hering und Makrele liefern reichlich Omega-3-Fettsäuren und Vitamin D.
- Entzündungshemmer sind Leinöl und Vitamin-E-reiches Weizenkeimöl aus omegaschützender Pressung. Und Nusskerne, vor allem Walnusskerne – egal, ob pur, im Salat oder Müsli.
- Wenig Alkohol trinken – bis zu 1 Glas Wein oder 2 Flaschen Bier pro Woche sind erlaubt.
- Eine gute Hautpflege ist generell wichtig – auch in beschwerdefreien Zeiten. Gönnen Sie der Haut Licht, Luft und gern ein Solebad.
- Beachten Sie die Lebensmittelliste von Seite 61.

Rheumatoide Arthritis

Bei Rheumatikern bekämpfen fehlgesteuerte Immunzellen körpereigenes Gewebe. Heilbar ist die Krankheit bisher nicht, inzwischen gibt es dank der modernen Medizin aber bessere Chancen, die Entzündung zu stoppen oder zu verlangsamen. Eine spezielle Ernährung hilft, Schmerzen und die Medikamentendosis zu reduzieren.

Geschätzt 800 000 Menschen – dreimal so viel Frauen wie Männer – leiden hierzulande an rheumatoider Arthritis (im Volksmund Polyarthritis oder Rheuma genannt). Meist beginnt die Erkrankung in der zweiten Lebenshälfte, doch selbst Kinder können schon betroffen sein.

Autoimmunprozesse verursachen Entzündungen in den Gelenken. Dadurch vernarbt und wuchert die Gelenkinnenhaut immer mehr, Knorpel und Bänder werden geschädigt. Die Gelenke schwellen an, schmerzen vor allem nachts und fühlen sich morgens steif an. Typischerweise sind die Gelenke körpersymmetrisch betroffen, und meist beginnt die Krankheit in den Grundgelenken der Finger und Zehen.

Die Ursachen für die Fehlsteuerung des Immunsystems sind noch nicht restlos geklärt. Neben einer erblichen Veranlagung gehören offenbar das Rauchen und möglicherweise auch andere Umweltgifte zu den Auslösern. Die unbedingt rasch nötige Behandlung setzt auf moderne Medikamente. Extrem wichtig ist darüber hinaus eine entzündungshemmende Ernährung mit Omega-3-Fettsäuren (siehe ab Seite 20), vielen pflanzlichen Mineralstoffen und Antioxidantien.

Die Ernährungs-Docs

Fetter Fisch wie Lachs, Makrele oder Sardine ist die beste Quelle für entzündungshemmende Omega-3-Fettsäuren. Nebenbei liefert er Vitamin D, Zink, Jod und hochwertiges Eiweiß. Wer keinen Fisch mag, deckt seinen Bedarf am besten durch Öle, Nusskerne und Saaten: Mandeln, Walnusskerne, Chiasamen, Leinsamen.

Das Wichtigste im Überblick

- Essen Sie täglich in Maßen Obst und reichlich Gemüse – als Rohkost, gedünstet oder im Smoothie. Pflanzliche Antioxidantien unterdrücken die Entzündungsaktivität.
- Entzündungshemmend wirken Omega-3-Fettsäuren aus pflanzlichen Ölen (zum Beispiel Leinmit Weizenkeimöl) und fettem Fisch (2-mal wöchentlich Wildlachs, Hering oder Makrele).
- Wichtig als hochwertige Eiweißquelle sind Nusskerne und Hülsenfrüchte.
- Fleisch höchstens 2-mal wöchentlich essen – dabei gerne Geflügelfleisch oder -aufschnitt.
- Süßes, Weißmehl- und Weizenprodukte reduzieren.
- Rheumatikern fehlen häufig B-Vitamine (B_1 und B_6), Vitamin E sowie Magnesium, Kupfer und Selen. Sie stecken in grünem Tee, Nusskernen, Weizenkeimen, Vollkorngetreide, Linsen und Cashewkernen.
- Unfermentierte Sojaprodukte (Sojamilch, -joghurt oder Tofu) sind nicht empfehlenswert. Soja nur fermentiert essen: Tempeh, Miso, Natto.
- Tagesplan: zum Frühstück Quark mit Früchten und Leinöl oder Vollkornbrot mit Frischkäse und Rohkost; vormittags als Snack: Smoothie; Mittagessen: Mischkost, 2 Handvoll Vollkornnudeln/-reis mit 3 Handvoll Gemüse; Abendessen: Gemüsesuppe oder gedünsteter Fisch mit Gemüse – abends keine Rohkost und kein Obst.
- Beachten Sie die Lebensmittelliste von Seite 61.

Lebensmittelauswahl bei Arthrose, Rheuma und Schuppenflechte

	⊕ Empfehlenswert	⊖ Nicht empfehlenswert
Getreide wie Brot & Beilagen wie Nudeln, Kartoffeln, Reis (nicht mehr als 2 Handvoll am Tag)	Vollkornbrot – bevorzugte Getreidesorte: Dinkel; Haferflocken, Müsli ohne Zucker; Vollkornnudeln, Vollkornreis, Pellkartoffeln	Weißbrot, Toastbrot, Croissant, Knäckebrot, Zwieback, Weizen- und Milchbrotchen, Laugengebäck; Hartweizennudeln, geschälter Reis, Pfannkuchen; Kartoffelprodukte wie Pommes, Kroketten, Kartoffelbrei, -puffer
Snacks & Knabbereien		Süßigkeiten, süße Backwaren, süße Milchprodukte (siehe Seite 62), Eiscreme; Chips, Salzgebäck
Obst (1–2 Portionen am Tag, 1 große Handvoll reicht aus)	Apfel, Aprikose, Brombeeren, Clementine, Erdbeeren (frisch), Grapefruit, Heidelbeeren, Himbeeren, Johannisbeeren, Kiwi, Nektarine, Orange, Papaya, Pflaume, Pfirsich, Sauerkirschen, Stachelbeeren, Wassermelone, Zwetschge	Physalis, gezuckerte Obstkonserven und Obstmus, kandiertes Trockenobst **in Maßen:** Ananas, Banane, Birne, Honigmelone, Kaki (Sharonfrucht), Kirschen, Mango, Weintrauben
Gemüse (3 Portionen am Tag)	Artischocke, Bohnen, Erbsen, Fenchel, Gurke, alle Kohlarten, Kohlrabi, Linsen, Löwenzahn, Möhre und Möhrengrün (Smoothie), Paprika, alle Pilzarten, Radieschen, Blätter von Roter Bete, alle Salatsorten, Salate mit Bitterstoffen, Sauerkraut, Sojabohnen, Spargel, Spinat, Tomate, Zucchino	**in Maßen:** Tiefkühlgemüse mit Butter oder Sahne
Nusskerne & Samen (ca. 20 g am Tag)	Cashewkerne, Haselnusskerne, Kürbiskerne, Macadamia-Nusskerne, Mandeln, Pinienkerne, Sonnenblumenkerne, Walnusskerne	Erdnusskerne, gesalzene Nusskerne
Fette & Öle (ca. 2 EL am Tag)	Leinöl*, Weizenkeimöl*, Olivenöl, Rapskernöl, Walnussöl; wenig Butter	Schweine- und Gänseschmalz, Butterschmalz; Palmfett, Mayonnaise, Sonnenblumenöl, Distelöl
Getränke (2–3 l am Tag)	Wasser, ungezuckerter Tee – besonders grüner Tee und Basentee, bis zu 3 Tassen Kaffee Reis-, Hafer- und Mandeldrink als Milchersatz	Fruchtsaft, Softdrinks, Milchmixgetränke (siehe Seite 62), Sojadrink, Alkohol

Fisch & Meeresfrüchte (2 Portionen pro Woche)	Aal, Forelle, Heilbutt, Hering, Kabeljau, Karpfen, Lachs, Makrele, Sardine/Sardellen, Scholle, Seezunge, Steinbutt, Thunfisch; Schalentiere wie Flusskrebs, Garnele, Hummer, Krabben, Shrimps	Fisch in Mayonnaise oder Sahne eingelegt; panierter Fisch
magere Wurstwaren & mageres Fleisch (max. 1–2 Portionen pro Woche, 100 g Rohgewicht)	**in Maßen:** Hühnerfleisch, Putenfleisch/-aufschnitt **selten:** Corned Beef, Kalbfleisch, Rinderfilet, Wild	generell Schweinefleisch (Bauchspeck, Fleisch-/Leberkäse, Nackenfleisch, Schinkenspeck) und Wurstwaren (Aufschnitt, Bockwurst, Bratwurst, Grillwurst, Kochwurst); paniertes Fleisch
Eier (max. 2 pro Woche)	**keine Einschränkungen**	
Milch & Milchprodukte, Käse	**bei Schuppenflechte nach individueller Verträglichkeit** **in Maßen:** fettarme Milch (1,5% Fett), Buttermilch, Quark (bis 20% Fett), Naturjoghurt (1,5% Fett); **selten:** Käse (bis 45% Fett i. Tr.) wie Schnittkäse, Weichkäse, Schafskäse/Feta, Mozzarella; besonders mager: körniger Frischkäse	Fruchtbuttermilch, Fruchtjoghurt, Fruchtquark, Kakaozubereitungen, Milchreis, Pudding, Sahnequark **in Maßen:** Crème fraîche, Sahne, Schmand

* Herstellung unter Ausschluss von Sauerstoff, Hitze und Licht (Oxyguard-/Omega-Safe-Verfahren). Optimal wirken Leinöl und Weizenkeimöl kombiniert.

Entzündungshemmende Ernährung

Ernährung und Lebensstil haben einen entscheidenden Einfluss auf entzündliche Prozesse im Körper. Da das körpereigene Bauchfett entzündungsfördernde Hormone produziert, ist Übergewicht ein großer Risikofaktor. Zudem feuern bestimmte Lebensmittel aufflackernde Entzündungen regelrecht an: Zucker vor allem und übermäßiger Fleischkonsum. Die entzündungsfördernde Arachidonsäure findet sich in allen tierischen Produkten, besonders in Schweinefleisch. Umgekehrt essen viele Menschen heute zu wenig entzündungshemmende Stoffe, die die Natur bereithält. Die Ernährungs-Docs empfehlen: täglich 3 Handvoll Gemüse – gegart oder roh – und 1 Handvoll Obst, je nach Saison gern auch Beeren. Unterstützend bei der Heilung wirken die Mineralstoffe Magnesium (in Sonnenblumenkernen, Mandeln, Sesam, Spinat, Kartoffeln, Beeren, Bananen, Vollkornreis, Hirse, Sojaprodukten, Leber, Geflügel, Lachs) und Zink (in Vollkorngetreide, Kürbiskernen, Sojaprodukten, Linsen).

Entzündungshemmende Inhaltsstoffe im Überblick

	Entzündungshemmer	Wo steckt besonders viel davon drin?	Tipp
Antioxidantien*	**Vitamin C (Ascorbinsäure)**	Obst und Gemüse, vor allem: Brokkoli, Fenchel, Grünkohl, Paprika, Rosenkohl	Vitamin C ist wasserlöslich und hitzeempfindlich, Gemüse also nur kurz dampfen.
Antioxidantien*	**Vitamin E (Tocopherole, Tocotrienole)**	Pflanzenöle, vor allem: Weizenkeimöl**, Sonnenblumenöl, rotes Palmöl, Olivenöl	Vitamin E ist recht hitzebeständig, übersteht großteils das Kochen.
Antioxidantien*	**Polyphenole (Resveratrol, Flavonoide)**	rotes/blaues/violettes Obst und Gemüse wie Apfel, Beeren (Heidelbeeren!), Granatapfel, Kirschen, Pflaume; Oliven(öl); Soja; Getränke wie Grüntee, Kaffee, (dunkler) Kakao, Rotwein; Gewürze wie Oregano, Zimt; Heilpflanzen wie Arnika, Ginkgo, Kamille	Diese Antioxidantien kommen besonders in den Randschichten und Blättern von Pflanzen vor.
Antioxidantien*	**Carotinoide (Lycopin, Beta-Carotin – Lebensmittelfarbstoff E 160)**	Möhre, Tomate, Wassermelone	Reife Tomaten enthalten viel Lycopin, Dosentomaten und Tomatenmark noch wesentlich mehr.
	Curcumin (Lebensmittelfarbstoff E 100)	Currypulver, Ingwer, Kurkuma	Curcumin ist insbesondere schmerzlindernd bei Arthrose und hemmt Krebs.
	Capsaicin	Chili	Wirkt durchblutungsfördernd.
	Monoterpene	in ätherischen Ölen von Baldrian, schwarzem Pfeffer, Pfefferminze, Salbei	Viele ätherische Öle wirken auch antibakteriell und antiviral.
	Sulfide	Knoblauch, Zwiebel	Wirken auch antibakteriell.
	Bromelain	Ananas	
	Omega-3-Fettsäuren (ALA – Alpha-Linolensäure, DHA – Docosahexaensäure, EPA – Eicosapentaensäure)	Chiasamenöl, Hanföl, Leinöl***, Rapskernöl, Walnussöl; Leinsamen, Walnusskerne; fetter Seefisch wie Hering, Lachs, Makrele, Sardelle	Omega-3-reiche Pflanzenöle niemals erhitzen und rasch verbrauchen.

* Alle Antioxidantien sollten nicht in Form isolierter Präparate aufgenommen werden.

** Weizenkeimöl trotzdem nur für die kalte Küche nutzen, da es hitzeempfindliche Fettsäuren enthält.

*** Herstellung unter Ausschluss von Sauerstoff, Hitze und Licht (Oxyguard-/Omega-Safe-Verfahren). Optimal wirken Leinöl und Weizenkeimöl kombiniert.

Neurodermitis

Neurodermitis (atopische Dermatitis oder auch atopisches Ekzem) ist eine Entzündung der Haut am gesamten Körper. Die chronische Erkrankung beginnt meist im Säuglingsalter. Sie lässt sich nicht heilen, aber deutlich lindern. Dabei kann eine auf den jeweiligen Patienten abgestimmte Ernährungstherapie erfolgversprechend sein.

Das Immunsystem reagiert bei Neurodermitis auf zunächst harmlose Umweltreize mit heftiger Abwehr: Der Schutzmantel der Haut bricht zusammen. Sie bildet entzündete rote Stellen, wird trocken und rissig. Vor allem Armbeugen und Kniekehlen sind oft mit stark juckenden Stellen befallen. In etwa 30 Prozent der Fälle ist Neurodermitis mit Nahrungsmittelunverträglichkeiten verbunden. Ziel der Ernährungstherapie ist es, mögliche Auslöser zu identifizieren, vom Speiseplan zu streichen und dafür Nahrungsmittel, die der Haut guttun, hinzuzufügen. Dabei muss jeder Patient individuell betrachtet werden, da nicht alle Betroffenen dieselben Lebensmittel gleich gut vertragen. Grundsätzlich empfehlen die Ernährungs-Docs bei Neurodermitis eine ausgeglichene Vollwertkost, die den Körper optimal mit Nährstoffen versorgt und so das geschwächte Abwehrsystem stärkt. Fertigprodukte sollten gemieden werden, da die darin enthaltenen Zusatzstoffe allergische Reaktionen auslösen können. Das gilt auch für histaminhaltige Lebensmittel wie etwa für lange gereiften Käse, denn sie fördern den Juckreiz.

Die Ernährungs-Docs

Haben Sie das Gefühl, dass bestimmte Nahrungsmittel die Entzündungsschübe verstärken? Dann streichen Sie sie etwa eine Woche vom Speiseplan. Verschlechtert sich das Hautbild bei erneutem Verzehr, liegt wahrscheinlich eine Unverträglichkeit vor.

Auf die Fettsäuren achten

Häufig führt eine Störung im Fettsäurestoffwechsel zu einem Mangel an Gamma-Linolensäure, die am Aufbau einer gesunden Hautbarriere beteiligt ist. Das Defizit kann durch die Gabe von Hanföl ausgeglichen werden. Gleichzeitig helfen Omega-3-haltige Pflanzenöle, die Entzündungen der Haut zu reduzieren.

Das Wichtigste im Überblick

- Auf tierische Fette weitestgehend verzichten, denn sie wirken entzündungsfördernd.
- Tomaten, Paprika, Erdbeeren oder Salami weglassen – histaminhaltig!
- Am besten nur fettarmen Käse essen und Sorten meiden, die mit Edelschimmelpilzen hergestellt werden.
- Keine Weißmehlprodukte und Süßigkeiten essen! Der isolierte Zucker beziehungsweise die Stärke darin heizen Entzündungen an.
- Rote Bete enthält Antioxidantien, die antientzündlich wirken – daher gerne öfter auf den Speiseplan nehmen.
- Ungesättigte Fettsäuren aus hochwertigen Pflanzenölen (Lein- und Walnussöl) sowie aus Avocado pflegen die oft stark in Mitleidenschaft gezogene Haut.
- Testen Sie Naturjoghurt; die Milchsäurebakterien können das Immunsystem stärken.
- Keine scharfen Gewürze für die Gerichte verwenden! Sie fördern die Durchblutung der Haut und können damit juckende Bereiche verschlimmern.

	Häufig vertragen	Häufig nicht vertragen
Brot & Brotaufstriche, Getreide & Beilagen wie Nudeln, Kartoffeln, Reis	Brot und Getreideprodukte aus Hirse, Hafer, Dinkel, Buchweizen; Müsli aus Amarant, Quinoa; vegetabile Pasten ohne Milch, Soja und Ei; Reis, eifreie Dinkelnudeln, Kartoffeln	Brot und Getreideprodukte aus Weizen oder Roggen; Brot oder Müsli mit Zuckerzusatz; Erdnussbutter, Schoko-Nuss-Aufstrich; Hartweizennudeln; Sojaprodukte wie Tofu; Fast Food, Fertiggerichte (Zusatzstoffe!)
Süßes, Snacks & Knabbereien	Trockenobst ohne Zuckerzusatz, Reiswaffeln	industriell hergestellte Backwaren und Süßwaren (viele Zusatzstoffe); **Vorsicht:** bei Zucker **in Maßen:** Bio-Früchteriegel, Agavendicksaft oder Ahornsirup, Honig
Obst	süße Apfelsorten, Banane, Birne, Heidelbeere, Mango, Wassermelone	saures Obst wie Erd- und Johannisbeeren, Kiwi, Pfirsich, Stachelbeeren, Zitrusfrüchte
Gemüse	Avocado, Bohnen, Brokkoli, Erbsen, Gurke, Kartoffel, alle Kohlsorten, Kürbis, Linsen, Mais, Mangold, Pilze, Rote Bete, Salate, Spargel, Spinat, Zucchino	Knoblauch, Möhre, Paprika, Rettich, Rhabarber, Sauerkraut, Sellerie, Sojabohne, Tomate, Zwiebel; Schnittlauch und andere (scharfe) Kräuter; Essig-Öl-Salatdressing
Nusskerne & Samen	Cashew-, Kürbiskerne, Mandeln, Pinien-, Sonnenblumenkerne	Erdnuss-, Haselnuss-, Walnusskerne und andere Nusskerne
Fette & Öle	milchfreie Margarine, kalt gepresstes unraffiniertes Pflanzenöl wie Leinöl*, ungehärtetes Kokosfett	Walnussöl und andere Nussöle; Süßrahmbutter, Schweineschmalz
Getränke (2 l am Tag)	Wasser, grüne Kräutertees (zum Beispiel aus Brennnesseln, Brombeerblättern, Fenchel, Melisse, Pfefferminze), Reisdrink; **als Schorle:** Apfelsaft, Birnensaft, Sanddornsaft	rote Kräutertees, Früchtetees, Softdrinks; Kaffee, Schwarztee, Kakao; Alkohol
Fisch & Meeresfrüchte		alle Fische oder Meeresfrüchte
Wurstwaren & Fleisch	mageres Fleisch und Aufschnitt von Huhn, Lamm, Pute, Rind	Schweinefleisch/-wurst, scharf gewürzte Fleischwaren, Wurst mit Farb-, Aroma- oder Konservierungsstoffen
Eier		Hühnereier
Milch & Milchprodukte, Käse		Milchprodukte wie Kakao, Fruchtjoghurt/-quark, Pudding, Milchreis (Zucker und Zusatzstoffe); Käse mit Edelschimmel **nach individueller Verträglichkeit in Maßen:** Milch und Milchprodukte wie Joghurt, Kefir; Käse von Kuh, Schaf, Ziege

* Herstellung unter Ausschluss von Sauerstoff, Hitze und Licht (Oxyguard-/Omega-Safe-Verfahren).

Gicht

Bei Gicht lagern sich Harnsäurekristalle im Gewebe und in den Gelenken ab: Es kommt zu schmerzhaften Entzündungen und Knotenbildung. Die Ernährungstherapie gilt als Basis der Behandlung – Ziel ist dabei die Senkung der Harnsäurewerte über eine Reduzierung purinreicher Lebensmittel.

In erster Linie sind Männer zwischen dem 30. und 40. Lebensjahr von Gicht betroffen. Frauen werden durch das weibliche Geschlechtshormon Östrogen geschützt und bleiben weitestgehend verschont. Erst nach der Menopause kann sich auch bei ihnen eine Gicht entwickeln (siehe Seite 86).

Ursache der Erkrankung ist ein Fehler im Harnsäurestoffwechsel; falsche Ernährung fördert ihren Ausbruch. Harnsäure entsteht im Stoffwechsel aus Purinen, die in fast allen Nahrungsmitteln enthalten sind. Überschüssige Harnsäure wird über die Nieren und den Darm ausgeschieden. Bildet der Körper zu viel Harnsäure oder scheidet zu wenig aus, erhöht sich die Konzentration im Blut, die Kristalle lagern sich in den Gelenken ab. Ein reichhaltiges Essen oder übermäßiger Alkoholkonsum können dann einen plötzlichen Gichtanfall auslösen, häufig im Grundgelenk des großen Zehs.

Ziel der Ernährungstherapie ist eine dauerhafte Senkung des Harnsäurespiegels im Körper, um erneute Anfälle und Langzeitschäden zu verhindern. Dabei muss die Gesamtzufuhr der Purine eingeschränkt werden. Entscheidend ist, wie viele Purine Sie über alle Mahlzeiten verteilt aufnehmen.

Die Ernährungs-Docs

Bei Übergewicht (BMI über 25, siehe Seite 47) unbedingt abnehmen, das allein kann den Harnsäurespiegel schon senken! Vorsicht jedoch vor Extremdiäten oder Fastenkuren: Hierbei werden zu viel Muskelmasse und Eiweiß abgebaut, sodass das Risiko für einen akuten Gichtanfall steigt.

Das Wichtigste im Überblick

- Wenig Fleisch oder Fisch essen, auf Alkohol verzichten. Auch alkoholfreies Bier enthält Purine!
- Den Konsum von Zucker, Fruchtzucker und Weißmehlprodukten einschränken.
- Milchprodukte senken das Gichtrisiko.
- Geschmacksverstärker meiden, keine Fertigprodukte und Gewürzmischungen essen.
- Portionsgrößen beachten! Auch eine vegetarische Mahlzeit kann schnell zu viele Purine enthalten.
- Viel trinken, mindestens 2 Liter Wasser, ungesüßte Kräuter- und Früchtetees.
- Kaffee senkt den Harnsäurespiegel.
- Ernährungsgewohnheiten dauerhaft ändern.
- Regelmäßige Bewegung senkt das Gichtrisiko.

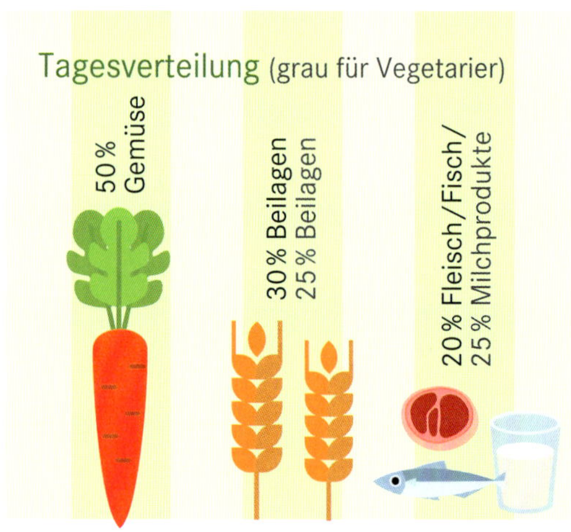

	Empfehlenswert	Nicht empfehlenswert
Getreide wie Brot & Beilagen wie Nudeln, Kartoffeln, Reis (nicht mehr als 2 Handvoll pro Tag)	Vollkornbrot; ungesüßtes Müsli; Vollkornnudeln/-reis, Pellkartoffeln, frisch gestampfter Kartoffelbrei **in Maßen, da eher purinreich:** Buchweizen, Grünkern, Haferflocken, Knäckebrot	Sojamehlprodukte; Weizenkeime; Pommes, Bratkartoffeln, Kartoffelpuffer; Fertiggerichte, Fast Food **für Normalgewichtige (ohne Diabetes) in Maßen:** Weißbrot, Toast, Croissant, Zwieback, Weizen-/Milchbrötchen; Hartweizennudeln, geschälter Reis
Snacks & Knabbereien (bei Bedarf 1 kleine Handvoll am Tag)		Süßigkeiten, süße und fette Backwaren, Eis, süße Milchprodukte (siehe unten); Salziges
Obst (2 Portionen am Tag)	alle Obstsorten **bei Übergewicht in Maßen:** Ananas, Banane, Birnen, Honigmelone, Kaki (Sharonfrucht), Kirsche, Mango, Weintrauben	gezuckerte Obstkonserven, Obstmus, kandiertes Trockenobst
Gemüse (3 Portionen am Tag)	fast alle Gemüse, vor allem Salat, Löwenzahn, Kohlrabi, Gurke, Möhre **in Maßen, da eher purinreich:** Hülsenfrüchte (Bohnen, Soja, Linsen, Erbsen), Spinat, Champignons, Trockenpilze	Tiefkühlgemüse mit Sahne oder Butter **bei Übergewicht zusätzlich ungeeignet:** Mais, Süßkartoffel
Nusskerne & Samen (max. ca. 20 g am Tag)	Hasel-, Para- und Walnusskerne, Mandeln; **in Maßen, da eher purinreich:** Kürbis- und Sonnenblumenkerne	Erdnusskerne, gesalzene Nusskerne
Fette & Öle (ca. 2 EL am Tag)	Leinöl*, Weizenkeimöl*, Olivenöl, Rapskernöl, Walnussöl, wenig Butter	Schweine-/Gänse-/Butterschmalz, Mayonnaise, Sonnenblumen- und Distelöl
Getränke (2,5–3 l am Tag)	Wasser, ungezuckerter Tee – besonders Kräutertees **in Maßen:** Kaffee oder Schwarztee	Fruchtsaft, Softdrinks, Milchmixgetränke (siehe unten), Sojadrink; Alkohol, alkoholfreies Bier
Fisch & Meeresfrüchte (1–2 x pro Woche)	Aal, Flusskrebs, Heilbutt, Kabeljau, Karpfen, Räuchermakrele ohne Haut, Scholle, Seezunge,	Haut von Fisch; Anchovis, Sardine, Sprotten, Stockfisch, Thunfisch, Garnelen, Muscheln, Matjesfilet
Wurstwaren & Fleisch (max. 2 kleine Portionen pro Woche, ca. 150 g)	Hühnerfleisch, Putenfleisch/-aufschnitt **in Maßen:** Corned Beef, Kalb-, mageres Rind- oder Wildfleisch	Innereien; fettreiches Fleisch (wie Hühnerbein mit Haut, Schweinebraten, Haxe, Gans, Ente); fettreiche Wurst, Wurst mit Innereien
Eier **Milch & Milchprodukte, Käse** (2 Portionen pro Tag)	**keine Einschränkungen** Milch und Naturjoghurt (bis 3,5 % Fett)**, Buttermilch, Quark (bis 20 % Fett); Käse (bis 45 % Fett i. Tr.) wie Schnitt-, Weich-, Schafskäse/Feta, Mozzarella, körniger Frischkäse	 Fruchtbuttermilch, Fruchtjoghurt, Fruchtquark, Kakaozubereitungen, Pudding, Milchreis, Sahnequark **in Maßen:** Crème fraîche, Sahne, Schmand

* Herstellung unter Ausschluss von Sauerstoff, Hitze und Licht (Oxyguard-/Omega-Safe-Verfahren). Optimal wirken Leinöl und Weizenkeimöl kombiniert.

** Bei Übergewicht oder Diabetes nur fettarme Milchprodukte.

Colitis ulcerosa

Der Feind lauert im eigenen Körper: Colitis ulcerosa ist eine Autoimmunerkrankung und gehört neben Morbus Crohn zu den häufigsten chronisch-entzündlichen Darmerkrankungen. Sie beginnt meist im Enddarm und befällt ausschließlich den Dickdarm. Sie kann jedoch von Schub zu Schub den gesamten Organismus in Mitleidenschaft ziehen.

Häufig tritt Colitis ulcerosa zwischen dem 20. und 40. Lebensjahr auf. Schätzungen zufolge sind davon in Deutschland rund 300 000 Menschen betroffen. In der Darmschleimhaut bilden sich Entzündungen und eitrige Geschwüre. Dadurch kommt es zu Bauchschmerzen und oft zu blutigen Durchfällen. Colitis ulcerosa verläuft in Schüben. Das heißt, es gibt Phasen, in denen Betroffene unter Beschwerden leiden (Akutphase), und solche, in denen kaum Probleme auftreten (Remissionsphase). Das Ernährungskonzept muss den Phasen angepasst sein.

Im entzündlichen Schub werden oft nur wenige, milde Lebensmittel vertragen. Um den Darm zu entlasten, sollten Sie auf Ballaststoffe (siehe Seite 16) weitestgehend verzichten. Jedoch ist es wichtig, trotz der Angst vor Beschwerden möglichst abwechslungsreich zu essen, um Nährstoffdefizite zu vermeiden.

Mangelerscheinungen (besonders an Kalzium, Eisen und Vitamin D) sind in der Akutphase keine Seltenheit. Durch die häufigen Durchfälle kommt es zu starkem Flüssigkeitsverlust, der am besten mit milden Kräutertees oder stillem Mineralwasser ausgeglichen wird.

Die Ernährungs-Docs

Bei der Krankheitsbewältigung ist es wichtig, die gesamten Lebensumstände unter die Lupe zu nehmen: Gibt es Konflikte? Etwas, das Sie im übertragenen Sinne „nicht richtig verdauen" können? Psychischer Stress kann eine Colitis ulcerosa negativ beeinflussen und zu Rückschlägen führen.

Für den ausklingenden Schub und die Remission empfehlen die Ernährungs-Docs eine leichte Vollkost, die kalorien- und vitaminreich ist. Die Chance der Ernährungstherapie bei Colitis ulcerosa liegt darin, die beschwerdefreie Zeit so lange wie möglich zu erhalten.

Das Wichtigste im Überblick

Richtig essen im akuten Schub:

+ Viel trinken, am besten ungesüßten Kamillen-, Fenchel- oder Pfefferminztee, auch grünen Tee.
+ Schleimsuppen aus Hafer- oder Hirseschmelzflocken schonen den Darm.
+ Pürierte Suppen aus Kartoffeln, Blumenkohl und Brokkoli sind empfehlenswert.
+ Leicht verdauliche Kohlenhydrate wie Weißbrot und Reis sowie Eiweiß aus Fisch, Fleisch und Eiern tun Ihnen gut.
+ Nahrungsergänzungen können helfen, Mangelerscheinungen während der akuten Schübe auszugleichen.

Richtig essen in der Remission (siehe Tabelle rechts):

+ Probiotische Milchsäurebakterien aus Joghurt, Kefir oder Buttermilch können Durchfällen vorbeugen.
+ Butter und Omega-3-haltige Fettsäuren (Leinöl, Rapskernöl, Olivenöl) wählen.
+ Flohsamenschalen können helfen, die beschwerdefreie Zeit zu verlängern.
+ Kurkuma zum Würzen verwenden! Kaffee und scharfe Gewürze meiden.
+ Lange kauen! So erleichtern Sie dem Darm die Arbeit.

	Empfehlenswert	Nicht empfehlenswert
Getreide wie Brot & Beilagen wie Nudeln, Kartoffeln, Reis	Toastbrot, Mischbrot, helle Brötchen, Feinbrot ohne Körner, Zwieback; Hafer, Hirse, Weizen, Gerste, Quinoa, Amarant; Nudeln, Grieß, Salzkartoffeln, Reis	Brot mit Körnern, Aufbackbrötchen, Pumpernickel, verarbeitete Kartoffelprodukte (Pommes frites, Kroketten, Kartoffelsalat, Chips)
Süßwaren, Süßungsmittel & Knabbergebäck	Biskuit, Butter-/Haferkekse, Gebäck aus Rühr-/Quark-Öl-Teig, Obstkuchen; Weingummi, Fruchtbonbons, Wackelpudding **in Maßen:** Zucker, Honig, Reissirup, Süßungsmittel (Cyclamat, Saccharin)	frisches Hefegebäck; fertige Müslimischungen; Schokolade, Marzipan, Sahnetorte, Blätterteig, Schmalzgebäck; Zuckeraustauschstoffe wie Xylit, Sorbit, Lactit, Isomalt
Obst	Apfel, Aprikose, Banane, Birne, Erdbeeren, Heidelbeeren, Himbeeren, Kiwi, Clementine, Melone, Orange, Papaya, Pfirsich (geschält)	Johannisbeeren, Kirschen, Pflaume, Rhabarber, Stachelbeere, Weintrauben; Trockenobst
Gemüse	**milde Sorten**: Brokkoli, Erbsen, Fenchel, grüne Bohnen, Kohlrabi, Kürbis, Mangold, Möhre, Oliven, Rote Bete, Salat, Spargel, Spinat, Tomate, Zucchino	Artischocke, Aubergine, dicke und weiße Bohnen, Knoblauch, Kohlsorten, Lauch, Paprika, Rettich, Rosenkohl, Sauerkraut, Zwiebel
Nusskerne & Samen	Flohsamenschalen **in Maßen:** gemahlene Nusskerne, Sesam, Sonnenblumenkerne; Mandelmus	ganze Nusskerne, Kerne, Samen
Fette & Öle	**in Maßen:** Butter, Omega-3-haltige Pflanzenöle wie Rapskern-, Oliven-, Lein-*, Walnuss- und Weizenkeimöl*; Kaltpressölmargarine	normale Margarine, Schmalz, Mayonnaise
Getränke (2–3 l am Tag)	stilles Wasser, ungezuckerter Kräutertee (Kamille, Fenchel, Pfefferminze, Melisse); verdünnte Obstsäfte (Apfel, Birne, Banane); **in Maßen:** Espresso, Kaffee, Schwarztee	kohlensäure- und zuckerhaltige Getränke, eisgekühlte Getränke, pure Fruchtsäfte; Alkohol
Fisch & Meeresfrüchte	Dorsch, Forelle, Kabeljau, Lengfisch, Scholle, Seehecht/-lachs, Wels, Zander; Schalentiere; **nach Fettverträglichkeit:** Hering, Lachs, Makrele, Thunfisch	Fischkonserven und Fischsalate panierter Fisch
Wurstwaren & Fleisch	**fettarmes Fleisch**: Huhn, Pute, mageres Rind- oder Kalbfleisch, Kaninchen, Wild; Aspik, Bock-/Geflügelwurst, Corned Beef, Kassler, Koch-/Bierschinken, Mortadella	**fettreiches Fleisch**: Ente, Gans, Schweinebraten Cervelatwurst, Salami, Streichwurst
Eier	weich gekochtes Ei, Omelett, Rührei, Spiegelei	hart gekochtes Ei, Eiersalat
Milch & Milchprodukte, Käse	Milch, Naturjoghurt, Buttermilch, Dickmilch, Quark (bis 20 % Fett), Frischkäse, fettarmer Schnittkäse, saure Sahne, Mozzarella; vor allem mit Probiotika	größere Mengen Sahne, Schmand, Crème fraîche, lang gereifte Käse, Edelschimmelkäse

* Herstellung unter Ausschluss von Sauerstoff, Hitze und Licht (Oxyguard-/Omega-Safe-Verfahren). Optimal wirken Leinöl und Weizenkeimöl kombiniert.

Reizdarmsyndrom

Das Reizdarmsyndrom ist keine organische Krankheit, sondern eine funktionelle Störung zwischen dem vegetativen Nervensystem und der Darmmuskulatur. Jüngste Untersuchungen haben herausgefunden, dass ein Verzicht auf bestimmte Zuckerarten die Beschwerden deutlich bessern kann.

Das Reizdarmsyndrom ist innerhalb der Magen-Darm-Erkrankungen die am häufigsten gestellte Diagnose. Frauen sind davon doppelt so oft betroffen wie Männer. Die Symptome reichen von Übelkeit über Bauchschmerzen und Blähungen bis hin zu Durchfall oder Verstopfung. Das Reizdarmsyndrom ist eine funktionelle Störung und als solche ungefährlich, kann aber die Lebensqualität stark einschränken. Manchen Menschen schlägt Stress eben im wahrsten Sinne auf Magen und Darm. Die Darmmuskulatur reagiert bei ihnen stärker auf Reize als bei gesunden Menschen. Dadurch wird die Beweglichkeit des Darms gestört: Mal bewegt er sich zu schnell – mal zu langsam. Die Darmnerven melden dem Gehirn: „Schmerz!"

Unruhe in der Darmflora

Mitverantwortlich kann eine gestörte Darmflora sein (siehe Seite 17): Eine längere Antibiotikaeinnahme oder schwere Magen-Darm-Infekte bringen die natürliche Mischung der unterschiedlichen Bakterien im Darm durcheinander. Nach einer Salmonelleninfektion beispielsweise ist das Risiko, ein Reizdarmsyndrom zu entwickeln, um das Achtfache erhöht. Ist die Darmflora über längere Zeit geschädigt – man spricht dann von einer sogenannten Dysbiose –, kann sich die Darmschleimhaut verändern. Sie wird löchrig, also leichter durchlässig für Giftstoffe und Krankheitserreger. In der Folge wird das Immunsystem aktiv, es schickt Abwehrzellen und deren entzündungsfördernde Botenstoffe in den Darm – und das reizt die Darmnerven.

Die Ernährungs-Docs

Die Pflanzenschalen der Flohsamen enthalten Schleimstoffe, die Wasser binden. So quellen die Samenschalen auf und verbessern die Verdauung (ein Rezept mit Flohsamen finden Sie auf Seite 99).

Organische Ursachen ausschließen

Der Reizdarm ist eine Ausschlussdiagnose. Bevor also das Syndrom diagnostiziert wird, müssen andere Erkrankungen mit ähnlichen Symptomen als Ursache ausgeschlossen sein, wie etwa häufig wiederkehrende Infekte, Nahrungsmittelunverträglichkeiten, Allergien, chronisch-entzündliche Darmerkrankungen oder eine Krebserkrankung.

In den meisten Fällen gibt es für die Beschwerden keinen erkennbaren Auslöser. Auf der Suche danach kann aber ein Ernährungstagebuch helfen. Darin dokumentieren Betroffene, was sie wann essen und welche Symptome anschließend auftreten.

Da sich Stress und Belastungen selten kurzfristig abstellen lassen, sind Einschränkungen beim Essen therapeutisch der erfolgversprechendste Weg.

Ein neuer Ansatz: Low FODMAP

Aktuelle klinische Studien zeigen, dass eine sogenannte FODMAP-reduzierte Ernährung den Darm effektiv beruhigen kann (siehe Seite 36). Dabei verzichten Betroffene sechs bis acht Wochen komplett auf potenziell reizende Zuckerarten, die in Süßigkeiten, Brot, Milchprodukten, Steinobst oder Kohl stecken (siehe ab Seite 72, Lebensmittelauswahl). Hat sich der Darm beruhigt, werden die FODMAP-haltigen Nahrungsmittel schrittweise wieder ausprobiert. Reagiert der Darm bei Provokation mit einem dieser Lebensmittel nicht mehr, kann es dauerhaft wieder verzehrt werden – allerdings sollte man bei den FODMAP-haltigen Nahrungsmitteln trotzdem immer etwas Maß halten.

Während der Testphase sollte man unbedingt in einem Ernährungstagebuch dokumentieren, welche Symptome nach dem Verzehr auftreten. So lässt sich herausfinden, was der Darm verträgt und was nicht.

Wer sich konsequent an die FODMAP-Regeln hält, kann seine Beschwerden in den Griff bekommen! In einigen hartnäckigen Fällen jedoch ist es ratsam, die Ernährungstherapie zusätzlich mit einer Gesprächs- und Psychotherapie zu kombinieren.

Was bedeutet FODMAP?

FODMAP ist die Abkürzung für „fermentierbare Oligosaccharide, Disaccharide, Monosaccharide und Polyole“. Dahinter verbergen sich Zuckerarten und -alkohole: Oligosaccharide sind Mehrfachzucker wie Inulin oder Maltodextrin, Disaccharide Zweifachzucker (Laktose), Monosaccharide Einfachzucker (Fruktose). Polyole sind biochemisch Zuckeralkohole und bekannt als Zuckeraustauschstoffe (Sorbit, Mannit, Isomalt, Xylit).

Ballaststoffe können helfen

Reizdarmpatienten, die unter Verstopfung leiden, können von einer erhöhten Ballaststoffzufuhr (siehe Seite 16) profitieren. Allerdings sollte zuerst der aktuelle Ballaststoffkonsum über das Ernährungstagebuch ermittelt werden. Liegt dieser bereits zwischen 30 und 50 Gramm Ballaststoffen täglich, ist durch eine weitere Steigerung meist keine nennenswerte Verbesserung mehr zu erwarten. Dann könnte nur eine Veränderung der Ballaststoffart hilfreich sein – indem man zum Beispiel eher quellende Ballaststoffe zu sich nimmt als reine Faserstoffe.

Zu Darmberuhigung haben sich einige pflanzliche Wirkstoffe bewährt wie Pfefferminzöl in Form von magensaftresistenten Kapseln (aus Reformhaus oder Drogerie) oder ein Extrakt aus Melissenblättern. Generell ist es für Menschen mit Reizdarmsyndrom ratsam, langsam, gemütlich und in geselliger Runde zu essen. Es hat sich ebenfalls bewährt, insgesamt mehr Ruhe und Struktur in den Alltag zu bringen.

Das Wichtigste im Überblick

+ Die FODMAP-Diät sollten Sie nicht ohne Ernährungsberater umsetzen! Da wichtige Nährstoffquellen fehlen, droht Mangelernährung.
+ Nach 6 bis 8 Wochen die FODMAP-Lebensmittel nach und nach wieder einführen, dabei unbedingt Ernährungstagebuch führen.
+ So natürlich wie möglich essen! Nahrungsmittel mit künstlichen Zusatzstoffen meiden.
+ Keine Rohkost am Abend verzehren! Salate, rohes Obst oder Gemüse überfordern den Darm, besonders spät am Tag.
+ Beim Essen immer gut kauen, denn eine gesunde Verdauung beginnt im Mund.
+ Bewegung hilft! Bei Yoga, Walking oder regelmäßigen Spaziergängen kommt auch der Darm wieder in den Takt.
+ Stress und Ärger vermeiden. Entspannungsübungen und Meditation in den Alltag einbauen.
+ Ausreichend trinken – am besten jeden Tag 2 l stilles Wasser oder Kräutertees. Darmschonend sind zum Beispiel Fenchel, Kamille oder Birkenblätter.

Lebensmittelauswahl für FODMAP-arme Ernährung

	Empfehlenswert	Nicht empfehlenswert
Getreide wie Brot & Beilagen wie Nudeln, Kartoffeln, Reis	fein geschrotetes Brot (bevorzugt aus Dinkel-, Reis-, Mais- und Sojamehl); fein geschrotetes Müsli, Getreideprodukte aus Hafer, Buchweizen, Hirse, Quinoa, Flohsamenschalen; Kartoffeln, Polenta, Reis, Reisnudeln, Buchweizennudeln (Soba)	„normales" Brot, ganz frisches Brot, grobe Vollkornprodukte, Backwaren und Getreideprodukte mit Gerste, Roggen oder Weizen; Müsli auf Weizenbasis, Früchtemüsli; Hartweizennudeln, Couscous, Bulgur; Frittiertes wie Pommes, Kroketten
Süßungsmittel	**nach individueller Verträglichkeit in Maßen:** Ahornsirup, brauner Rohrzucker, Glukose (Traubenzucker), Melasse, Reissirup, (Rüben-)Zucker, Rübenkraut, Stevia, Zucker(rüben)sirup; Aspartam und andere künstliche Süßstoffe ohne die Endung -it oder -ol	Agavendicksaft, Fruchtsaftkonzentrat, Fruktose, Glukose-Fruktose-Sirup, Honig, High-Fruktose-Corn-Syrup, Isoglukose, Invertzuckersirup, Maissirup, künstliche Süßstoffe wie Sorbit(ol)
Brotaufstriche, Snacks & Knabbereien**	Konfitüre oder Sorbet aus geeignetem Obst, Brotaufstriche aus geeigneten Nusskernen/Samen/Gemüse; Popcorn, Reis-/Maiswaffeln, -kräcker, dunkle Schokolade (ab 70 % Kakaogehalt)	Eiscreme, Vollmilchschokolade; **Vorsicht:** bei Gebäck (ungeeignete Mehle und Süßungsmittel), anderen Süßwaren, Chips
Obst	Ananas, Banane, Clementine, Erdbeeren, Galia-Melone, Heidelbeeren, Himbeeren, Honigmelone, Kiwi, Mandarine, Pomelo, Rhabarber, Weintrauben **nach individueller Verträglichkeit in Maßen:** Grapefruit, Limette, Orange, Papaya, Passionsfrucht, Zitrone	Apfel, Aprikose, Birne, Brombeeren, Johannisbeeren, Kirschen, Litschi, Mango, Nektarine, Pfirsich, Pflaume, Wassermelone, Zwetschge gezuckerte Obstkonserven und Obstmus, Trockenobst
Gemüse	Aubergine, Chinakohl, Fenchel, grüne Stangenbohnen, Gurke, Ingwer, Kohlrabi, Kürbis, Mangold, Möhre, Okraschoten, Pastinake, Rettich, Salat, Spinat, Sprossen (Alfalfa, Bambus, Kresse, Soja), Steckrüben, Tomaten, Zucchino; Kräuter wie Petersilie, Schnittlauch **nach individueller Verträglichkeit in Maßen:** Brokkoli, Rosenkohl, Oliven	Artischocke, Avocado, weiße Bohnen, Chicorée, Erbsen, Frühlingszwiebel, Kichererbsen, Knoblauch, verschiedene Kohlarten (Blumenkohl, Grünkohl, Rotkohl, Spitzkohl, Weißkohl, Wirsing), Lauch, Linsen, Mais, Paprika, Pilze, Rote Bete, Sojabohnen, Spargel, Zuckererbsen, Zwiebel
Nusskerne & Samen (max. 1 kleine Handvoll am Tag)	**nach individueller Verträglichkeit:** Haselnuss-, Kürbiskerne, Mandeln, Sesamsamen, Sonnenblumenkerne, Walnusskerne	Cashew-, Macadamia-Nusskerne, Pistazienkerne; gesalzene Nusskerne

Fette & Öle	**nach individueller Verträglichkeit in Maßen:** Olivenöl, Rapskernöl, Leinöl* und andere pflanzliche Öle, Butter, Ghee, Schmalz, Knoblauchöl (als Ersatz für Zwiebeln und Knoblauch)	
Getränke	stilles Wasser, ungesüßter Kräutertee wie Fenchel- und Kamillentee	sehr kalte oder sehr heiße Getränke; Wasser mit viel Kohlensäure, Früchtetee, Pfefferminztee, Schwarztee, Kaffee, Kaffee-Ersatz mit Zichorienwurzel, Fruchtsaft, Kakao, Softdrinks; Alkohol **nach individueller Verträglichkeit in Maßen:** Bier, trockener Wein (max. 1 Glas pro Tag)
Fisch & Meeresfrüchte		Fischgerichte oder Fischsalate mit Mayonnaise oder Sahne; panierter und frittierter Fisch
Wurstwaren & Fleisch	mageres Fleisch oder magere Wurst von Huhn, Pute, Lamm, Rind, Schwein, Wild	Wurst mit Zwiebeln oder Knoblauch, fettreiches Fleisch, fettreiche Wurst; paniertes und frittiertes Fleisch
Feinkost & Convenience-Produkte**	Essig, Fischsauce, milder Senf, Sojasauce, Tofu, Tempeh	Ketchup, Würze mit Knoblauch- und Zwiebelpulver; scharfe Gewürze wie Chili, Curry, Cayennepfeffer, Paprika rosenscharf; **Vorsicht:** bei fertigen Chutneys, Fertigsaucen, Fertigsuppen, fettreichen Dressings
Eier		hart gekochte Eier, fette Eierspeisen
Milch & Milchprodukte**, Käse	Sojadrink, Kokosmilch; fettarme, ungesüßte laktosefreie Milch und Milchprodukte wie Buttermilch, Joghurt, Quark, Hüttenkäse, Frischkäse; Schnittkäse (bis 45 % Fett i. Tr.); Hartkäse wie Parmesan, alter Gouda	laktosereiche Milch und Milchprodukte wie Buttermilch, Joghurt, Quark, Frischkäse, Hüttenkäse, Mascarpone; Sahne Schnittkäse (über 45 % Fett i. Tr.); Pudding, Fruchtjoghurt/-quark, gesüßter Milchreis

* Herstellung unter Ausschluss von Sauerstoff, Hitze und Licht (Oxyguard-/Omega-Safe-Verfahren).

** Auf Zuckerarten/Füllstoffe achten und die folgenden meiden: Agavendicksaft, Fruchtsaftkonzentrat, Fruktose, Glukose-Fruktose-Sirup, Honig, High-Fruktose-Corn-Syrup, Isoglukose, Invertzuckersirup, Maissirup; künstliche Süßstoffe wie Sorbit (E420), Xylit (E967), Mannit (E421), Maltit (E965), Isomalt (E953) und Inulin meiden.

Reflux

Gelegentliches Sodbrennen kennt fast jeder Dritte hierzulande. Aber 35 Prozent der Betroffenen haben diese Beschwerden einmal wöchentlich oder öfter. Man spricht dann von der Refluxkrankheit. Linderung kann oft schon eine Umstellung der Ernährungsgewohnheiten schaffen.

Nach dem Essen, beim Liegen, Bücken oder während körperlicher Belastung ist es besonders schlimm: In der Speiseröhre steigt ein Brennen auf. Nicht selten kommt noch Aufstoßen, Magendruck oder ein Völlegefühl dazu. Auch morgendliche Heiserkeit, Luftschlucken und ein schlechter Geschmack im Mund können auf die Refluxkrankheit hinweisen.

Magensäure am falschen Ort

Gelangt Speisebrei am oberen Schließmuskel des Magens vorbei zurück in die Speiseröhre, dann greift stark ätzende Magensäure die Speiseröhre an: Das verursacht das Brennen. Auslöser ist häufig, dass der Magen zu viel Säure produziert oder sich zu langsam entleert – besonders nach dem Genuss von süßen, fetten oder sauren Speisen, Alkohol und koffeinhaltigen Getränken. Oder der Schließmuskel ist zu schwach: Nikotin, bestimmte Medikamente und Hormone können die Muskelspannung mindern.

Wichtig bei Sodbrennen: dem Magen nicht zu viel zumuten. Lieber vier bis fünf kleine Mahlzeiten essen als zwei, drei große – und dabei auf genügend Eiweiß achten: Dadurch wird das Hormon Gastrin ausgeschüttet. Studien zufolge sorgt Gastrin dafür, dass der Schließmuskel zwischen Magen und Speiseröhre besser funktioniert.

Die Ernährungs-Docs

Verdauungshelfer aus der Apotheke sind nicht für den Dauerkonsum gedacht. Der unkontrollierte Einsatz von Magen-Gel gegen Sodbrennen ist gesundheitlich bedenklich, weil es Aluminium enthält, das auf Dauer verschiedene Organe schädigen kann.

Das Wichtigste im Überblick

- Kleine, über den Tag verteilte Mahlzeiten sind empfehlenswert.
- Die Basis der Ernährung sollte aus fettarmen, eiweiß- und ballaststoffreichen Lebensmitteln bestehen: Milchprodukte, helles Fleisch, Nusskerne und Hülsenfrüchte.
- Zu vermeiden sind reizende Lebensmittel und Zubereitungen mit scharfen Gewürzen, Süßigkeiten, säurereiches Obst, Salate mit Mayonnaise und fettreiches Fleisch.
- Warme Speisen am besten durch Kochen oder Dämpfen zubereiten oder schonend in wenig Öl braten, scharf Angebratenes, Geröstetes und Frittiertes meiden.
- Ein Verdauungsspaziergang nach dem Essen ist bei Sodbrennen ein bewährtes Hausmittel!
- 4 Stunden vor dem Zubettgehen nichts mehr essen und beim Schlafen den Oberkörper gern etwas höher lagern.
- Das Rauchen bitte einstellen – es ist ein erheblicher Risikofaktor!
- Übergewichtige entlasten ihren Magen, wenn sie abnehmen.
- Nicht zu enge Kleidung tragen.
- Stress abbauen – ob durch Sport oder einen anders organisierten Alltag.

	Empfehlenswert	Nicht empfehlenswert
Getreide wie Brot, Beilagen & Süßwaren	fein geschrotetes Vollkornbrot, Vollkornbrötchen, Zwieback; Vollkorn-/Hartweizennudeln, Vollkornreis, Kartoffelbrei; zarte Haferflocken, Müsli ohne Zucker	frisches Brot, Weißbrot, Toast, grobe Vollkornbrote; Pommes, Kroketten, Kartoffelpuffer/-salat; Kuchen, Torten, Kekse, fette, gezuckerte Backwaren, Eiscreme, Bonbons, Schokolade, Waffeln
Obst (2 Portionen am Tag)	**säurearmes Obst:** Apfel (Jonagold, Gala, Gloster, Golden Delicious), Aprikose, Banane, Birne, Erdbeeren (frisch), Honigmelone, Mango, Papaya, Pflaume, Pfirsich, Wassermelone, Weintrauben	**säurereiches Obst:** Ananas, Grapefruit, Kiwi, Mandarine, Nektarine, Orange, Sauerkirsche, Zitrone; stark gezuckerte Obstkonserven, Obstmus **nach individueller Verträglichkeit:** Avocado, Beeren
Gemüse (3 Portionen am Tag)	Aubergine, Artischocke, Blumenkohl- und Brokkoli-Röschen, Fenchel, Gurke, Hülsenfrüchte, Kohlrabi, Kürbis, Möhre, Rote Bete, Salat, Spargel, Spinat, Steckrübe, Tomate, Zucchino	**nach individueller Verträglichkeit:** Gurkensalat, Kohlgemüse/-salate, Lauch, Meerrettich, Paprikagemüse, Pilze, Rotkraut, Sauerkraut, Zwiebel
Nusskerne & Samen	**nach individueller Verträglichkeit**	gesalzene Nusskerne
Fette & Öle (1–2 EL Öl am Tag)	Olivenöl, Rapskernöl, Walnussöl, Leinöl*; Butter	fette Brühen, Saucen und Suppen; große Mengen an Streich- und Kochfett
Getränke (ca. 2 l am Tag)	stilles Wasser, ungezuckerter Tee	Wasser mit Kohlensäure, Fruchtsaft, Softdrinks, Kakao; Alkohol; **nach individueller Verträglichkeit:** Kaffee (in Maßen), sehr kalte oder sehr heiße Getränke
Fisch & Meeresfrüchte	Forelle, Garnelen, Heilbutt, Kabeljau, Karpfen, Krabben, Scholle, Seezunge, Steinbutt	Fisch in Mayonnaise oder Sahne eingelegt; Aal, Hering, Lachs, Makrele, Thunfisch; panierter oder geräucherter Fisch
magere Wurstwaren & mageres Fleisch	Aspik, Corned Beef, Kassler, Koch- und Lachsschinken, Putenbrustaufschnitt, Schinkenzwiebelmettwurst; Hühner-/Putenfleisch, Rinderfilet, Schweinefilet/-rücken	Bauchspeck, Blut-, Bock-, Bratwurst, Eisbein, Fleischwurst, Leberkäse, Leber-, Mettwurst, Mortadella, Nackenfleisch, Salami, Schinkenspeck, Weißwurst; paniertes und frittiertes Fleisch
Eier Milch & Milchprodukte, Käse	Eier in fettarmer Zubereitung fettarme Milch (1,5 % Fett), Buttermilch, Magerquark, Naturjoghurt (1,5 % Fett); Käse (30–40 % Fett i. Tr.) wie Schnitt-, Weich-, Schafs-, Frischkäse; extra mager: Harzer, körniger Frischkäse	fette Eierspeisen Milch, Naturjoghurt (3,5 % Fett), Sahne, Sahnequark, Mascarpone, Schmand, Crème fraîche; Käse (über 45 % Fett i. Tr.); Pudding, Milchreis, Fruchtjoghurt, Fruchtquark, Fruchtbuttermilch, Kakaozubereitungen
Gewürze	getrocknete oder tiefgekühlte Kräuter	**scharfe Gewürze:** Chili, Curry, Knoblauch, Zwiebelpulver, Pfeffer, Cayennepfeffer, Paprika; Senf, Mayonnaise

* Herstellung unter Ausschluss von Sauerstoff, Hitze und Licht (Oxyguard-/Omega-Safe-Verfahren).

Nahrungsmittel-Intoleranzen

Hinter hartnäckigen Verdauungsbeschwerden steckt häufig eine Nahrungsmittel-Intoleranz (Unverträglichkeit, Pseudoallergie). Der Körper reagiert dabei empfindlich auf bestimmte Lebensmittelbestandteile – beispielsweise auf Fruktose oder Laktose. Mit der richtigen Ernährungsstrategie können die Symptome verschwinden.

Im Unterschied zu einer echten Lebensmittelallergie ist bei einer Unverträglichkeit nicht eine Abwehrreaktion des Immunsystems für die Beschwerden verantwortlich, sondern eine Stoffwechselstörung im Darm. Während eine Allergie bereits durch geringste Mengen bestimmter Inhaltsstoffe ausgelöst wird, werden diese bei Unverträglichkeiten oft noch vertragen. Die Allergie-Beschwerden äußern sich nicht nur im Magen-Darm-Trakt, sondern betreffen auch Haut, Atemwege und das Herz-Kreislauf-System. Im schlimmsten Fall kommt es zum allergischen Schock.

Die Ernährungstherapie bei einer Unverträglichkeit erfolgt in drei Stufen:

1. Karenzphase (4 Wochen): Völliger Verzicht auf Speisen und Getränke, die Beschwerden auslösen. So kann sich der gestresste Darm erholen. Bereits nach wenigen Tagen sollten die Symptome nachlassen.
2. Testphase (6 Wochen): Nach und nach Lebensmittelauswahl erweitern, kritische Lebensmittel testen, indem beschwerdeauslösende Lebensmittel in kleinen Mengen und über den Tag verteilt gegessen werden. Dabei unbedingt Ernährungstagebuch führen (siehe Seite 37 sowie Buchbeilage).
3. Dauerernährung: Speiseplan wieder ausgewogen und abwechslungsreich zusammenstellen.

Fruktose-Intoleranz (Fruktose-Malabsorption)

Bei der Fruchtzucker-Unverträglichkeit ist das zuständige Verdauungsenzym defekt. Verzehrte Fruktose gelangt – anders als vorgesehen – in den Dickdarm und wird dort von Bakterien zersetzt. Das führt zu Blähungen und Durchfall. Oft sind Stimmungsschwankungen und Depressionen damit verbunden.

Im Gegensatz zu der sehr viel selteneren angeborenen (hereditären) Form vertragen die Betroffenen bei der erworbenen Fruktose-Intoleranz noch Restmengen von Fruchtzucker. Dieser kommt in Obst sowie einigen Gemüsesorten vor, ist aber auch als Süßungsmittel in verarbeiteten Lebensmitteln versteckt. Steht beispielsweise Invertzucker oder Maissirup auf dem Etikett, dann ist Fruktose enthalten (siehe Seite 29). Auch Zuckerersatzstoffe wie Sorbit (E420) in kalorienreduzierten Lebensmitteln, Diabetikerprodukten, Softdrinks oder Kaugummis sind zu vermeiden.

Am Anfang der Ernährungsumstellung sollte neben Fruktose auch auf schwer verdauliche Ballaststoffe aus Hülsenfrüchten und Kohlgemüse verzichtet werden, da diese die Symptome häufig verschlechtern. Kombinieren Sie später fruchtzuckerhaltige Lebensmittel mit Eiweiß, wie Joghurt oder Quark, ist Fruktose besser bekömmlich. Häufig haben Betroffene einen zu geringen Folsäure- und Zinkspiegel im Blut, der zu Mangelerscheinungen und Infektanfälligkeit führen

Die Ernährungs-Docs

Sie sollten unbedingt ein Ernährungstagebuch führen (siehe Beilage). Konsequente Notizen über verzehrte Nahrungsmittel helfen, auftretende Beschwerden den Speisen zuzuordnen und die persönliche Toleranzschwelle herauszufinden.

Die Ernährungs-Docs

Angeborene Formen (hereditäre Fruktose-Intoleranz, kongenitaler Laktase-Mangel) sind erbliche Stoffwechselstörungen. Ursache ist ein Gendefekt. Im Stoffwechsel sammeln sich giftige Abbauprodukte an und führen zu Unterzuckerung, Leber- und Nierenstörungen. Betroffene müssen eine reizfreie Diät einhalten.

kann. Die Blutwerte sollten regelmäßig kontrolliert und Defizite gegebenenfalls ausgeglichen werden.

Das Wichtigste zu Fruktose-Intoleranz im Überblick

- Beim Einkauf immer die Zutatenliste beachten.
- Produkte mit Fruchtzusätzen wie Joghurts oder Früchtetees meiden.
- Kartoffeln vor dem Kochen 24 Stunden in Stücke geschnitten wässern.
- Fruktosehaltiges zu oder direkt nach einer Mahlzeit essen, dann wird es besser vertragen.
- Fruchtzuckerhaltige Nahrungsmittel zusammen mit Traubenzucker (Glukose) essen – das verbessert die Aufnahme!
- Stark kohlensäurehaltige Getränke meiden.

Laktose-Intoleranz (Milchzucker-Unverträglichkeit)

Ursache dieser Unverträglichkeit ist ein Enzymmangel im Dünndarm, in dessen Folge Milchzucker (Laktose) nicht richtig abgebaut wird. Der Verzehr von Milch und Milchprodukten führt zu Völlegefühl, Blähungen und Durchfällen. Die meisten Betroffenen vertragen jedoch kleine Mengen Milchzucker, sodass die Zufuhr nur eingeschränkt werden muss. Ein Ernährungstagebuch mit Notizen zu verzehrten Nahrungsmitteln, Mengen und anschließenden Beschwerden hilft, die individuelle Toleranz zu erkennen. Bei schwach ausgeprägter Unverträglichkeit kann sich die Darmflora – durch langsames Steigern der täglichen Dosis – an Laktose gewöhnen. Wer auf viele Milchprodukte verzichtet, muss auf eine ausreichende Kalziumversorgung durch andere Nahrungsmittel (grüne Gemüse, Mineralwasser) achten.

Wichtig: auf versteckten Milchzucker achten! Laktose verbirgt sich auch in Fertiggerichten, Backmischungen, Wurst- und Fleischwaren, Gebäck (meist helle Sorten), Gewürzmischungen, Schokolade und Eis.

Das Wichtigste zu Laktose-Intoleranz im Überblick

- Essen Sie naturbelassene Lebensmittel!
- Vollfette Milch wird besser vertragen als fettarme.
- Sauermilchprodukte wie Joghurt, Kefir oder Quark enthalten kaum Laktose.
- Besonders mediterrane Milchprodukte wie griechischer Joghurt, Ziegenkäse oder Mozzarella sind gut verträglich.
- Hartkäse ist weitgehend frei von Milchzucker.
- Wählen Sie Reis-, Mandel- oder Sojadrink als Milchersatz.
- Bei milchzuckerfreier Ernährung am besten laktosefreie Milch und Milchprodukte nutzen.

Histamin-Unverträglichkeit

Der Botenstoff Histamin wird im Körper gebildet und kommt auch in Lebensmitteln vor. Wird sehr viel Histamin aufgenommen oder versagt die Regulation im Körper, kommt es zu Vergiftungserscheinungen (Hautrötung, Kopfschmerzen, Herzklopfen, Blutdruckabfall und Durchfall). Eine histaminarme Ernährung verspricht dabei Abhilfe. Besonders zu vermeiden sind konservierte Lebensmittel, Räucherfleisch und -fisch, lang gereifte Käse, Hülsenfrüchte, Sauerkraut, Tomaten, Spinat, Erdbeeren, Kakao, Essig und Wein.

Lebensmittelauswahl bei Fruktose-Intoleranz

	Häufig vertragen	Häufig nicht vertragen
Getreide wie Brot, Brotaufstriche	Brot und Backwaren ohne Sorbit, selbst gebackene/r Kuchen/Kekse; Müsli ohne Trockenobst und Sorbit; Honig, selbst gemachte Konfitüre aus geeignetem Obst; vegetarische Brotaufstriche ohne Sorbit	Fertigmüsli mit Trockenobst und ggf. Sorbit fast alle gesüßten Fertigprodukte („kalorienreduziert“ oder „ohne Zuckerzusatz“) wie Konfitüre, Obstkompott
Süßes, Snacks & Knabbereien	Süßwaren ohne Zusatz von Fruktose oder Sorbit; mit Zucker selbst gemachte Desserts (aus geeignetem Obst) wie Kompott, Fruchtkaltschale, Fruchtquark; Sahneeis, Milcheis, Pudding (mit Stärke gebunden)	Backwaren mit Glasuren und Überzügen (Kennzeichnung beachten); Süßwaren mit Zusatz von Fruktose oder Sorbit – häufig in Bonbons, Kaugummi, Marzipan (Hinweise auf Zuckeraustauschstoffe: „kalorienreduziert“, „für Diabetiker“, „zahnschonend“, „ohne Zuckerzusatz“); Süßwaren mit Fruchtauszügen (Fruchtriegel)
Süßungsmittel	Glukose (Traubenzucker, Dextrose), Malzzucker (Maltose), Malzsirup (bestehen ausschließlich aus Glukose), Milchzucker (besteht aus Glukose und Galaktose); Süßstoffe: Acesulfam (E950), Aspartam (E951), Cyclamat (E952), Saccharin (E954)	Fruktose(-sirup), Maissirup, High-Fructose-Corn-Syrup, Dicksäfte; Süßstoffe wie Sorbit(ol) **in Maßen:** Haushaltszucker (Saccharose, besteht 1:1 aus Glukose und Fruktose), Honig
Obst	Brombeeren, Clementine, Erdbeeren, Himbeeren, Honigmelone, Mandarine, Papaya, Zwetschge	Apfel, Aprikose, Birne, Heidelbeere, Mango, Pfirsich, Pflaume, Weintrauben Trockenobst wie Aprikose, Dattel, Rosine
Gemüse	viele Gemüse – frisch oder tiefgekühlt	**nach individueller Verträglichkeit in Maßen:** Artischocke, Aubergine, Frühlingszwiebel, Kürbis, Möhre, Paprika, Rotkohl, Rote Bete, Topinambur, Weißkohl, Zwiebel Sojabohnen und alle Sojaprodukte
Nusskerne & Samen	**nach individueller Verträglichkeit in Maßen**	

Fette & Öle	pflanzliche Öle (nicht emulgiert), Butter, Butterschmalz, Margarine (ohne Zusatzstoffe), Schweineschmalz	Fettemulsionen
Feinkost (Feinkostsalate, Dressings, Saucen, Ketchup, Mayonnaise) & Fertigprodukte	tiefgekühlte Produkte (geeignetes Obst, Gemüse, Fleisch, Fisch) ohne Zubereitungen	gesüßte Fertigsalate mit und ohne Dressing große Mengen konzentrierter Produkte wie Ketchup Milch- und Sahneersatzprodukte wie Getränkeweißer (können Sorbit enthalten) Nahrungsergänzungsmittel mit Fruktose oder Sorbit
Getränke	Mineralwasser, Kaffee, Tee, selbst gemachte Schorle (aus geeignetem Obst, siehe links), Kakao wenn nach deutschem Reinheitsgebot gebraut: Bier	Getreidekaffee, Limonade, Brause, Säfte aus nicht geeignetem Obst oder Gemüse (siehe oben) oder mit Zusatz von Zuckeraustauschstoffen Gemüsesäfte mit Inulin alkoholische Getränke aus Obst (zum Beispiel Weine), Likör
Fisch & Meeresfrüchte		bei verarbeiteten Produkten mit Fisch und Krustentieren sind Zusätze von Sorbit möglich – Kennzeichnung beachten
Wurstwaren & Fleisch	**keine Einschränkungen**	
Eier	**keine Einschränkungen**	
Milch & Milchprodukte, Käse	Milch und Milchprodukte ohne Zusatz von Fruktose oder Sorbit, zum Beispiel: Naturjoghurt, Quark, Buttermilch, Milch, Kefir selbst gemachtes Eis	Produkte mit Zuckeraustauschstoffen wie Früchtejoghurt, Milchreis mit Früchten, Speiseeis

Untergewicht

Wer mit Übergewicht zu kämpfen hat, kann sich kaum vorstellen, dass das Gegenteil genauso zum Problem werden kann: Untergewicht – aufgrund von Krankheit, Alter oder zu geringer Kalorienaufnahme. Und man wird es schwer glauben: Zunehmen kann sogar schwieriger sein als abnehmen.

Wenn die Pfunde purzeln und der Körper an seine Reserven geht, ist Vorsicht angebracht. In den meisten Fällen ist das ein Alarmsignal, dass wichtige Nährstoffe fehlen oder nicht aufgenommen werden können. Ursache von Mangelernährung sind oft eine Krankheit (Krebs, chronische Lungenerkrankungen, Schilddrüsenüberfunktion oder Schluckstörungen) und die Nebenwirkungen ihrer Behandlung. Untergewicht erhöht das Infektionsrisiko und die frühzeitige Sterblichkeit. Ziel der Ernährungstherapie ist eine langfristige Gewichtszunahme – auf Grundlage einer Kalorienzufuhr von 2 500 bis 3 000 Kalorien pro Tag. In erster Linie ist das durch eine vollwertige Kost mit höherer Kaloriendichte zu erreichen und weniger durch eine größere Nahrungsmenge. Basis der Ernährung sollten Gemüse, Obst und Vollkornprodukte sein, die mit frischem Seefisch, Eiern und fettreichen Milchprodukten ergänzt werden. Milch, Sahne und Quark enthalten Eiweiß, das wir für den Erhalt unserer Muskeln brauchen, und Kalzium für die Knochen (siehe ab Seite 86). Denn untergewichtige Menschen haben ein erhöhtes Risiko für Osteoporose und damit für Knochenbrüche. Gleichzeitig sind hochwertige Pflanzenöle wichtig, die reich an Omega-3-Fettsäuren sind. Sie stärken das Immunsystem.

Bin ich untergewichtig?

Bei einem BMI von 18,5 kg/m^2 (siehe Seite 47) und darunter spricht man von Untergewicht. Allerdings bestimmen auch die Erbanlagen und der Körperbau, ob man bei einem bestimmten Gewicht tatsächlich untergewichtig ist oder ob das Gewicht in Ordnung ist.

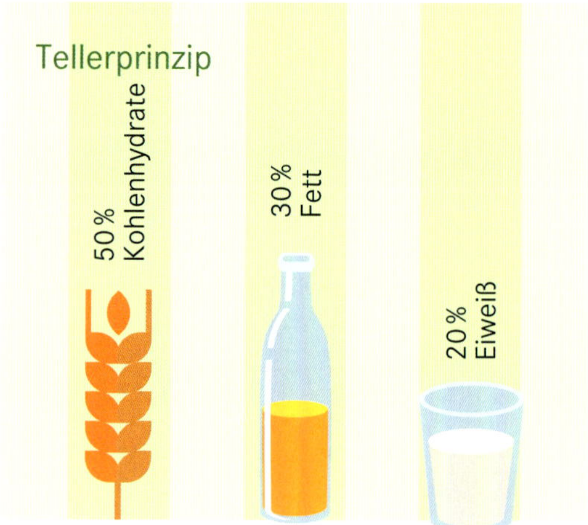

Das Wichtigste im Überblick

- Essen Sie möglichst viele Mahlzeiten pro Tag, gern 3 Haupt- und 2 bis 3 Zwischenmahlzeiten.
- Gerichte mit hochwertigen Ölen (Olivenöl, Leinöl, Walnussöl), Butter, Sahne oder Käse anreichern.
- Sofern verträglich: Milch und Milchprodukte immer in fettreicher Form verzehren.
- Brote erst mit Butter oder Frischkäse bestreichen und dann mit Käse oder Wurst belegen.
- Avocados sind fett- und kalorienreich.
- Als Zwischenmahlzeit eignen sich Joghurt, püriertes Obst mit Sahne, Nusskerne, Trockenobst.
- Nährstoffreiche Getränke als Snack wie Kakao.

	Energiereichere Lebensmittel	Energieärmere Lebensmittel
Getreide wie Brot, Beilagen wie Nudeln, Kartoffeln & Reis, Süßwaren	Kartoffelrösti, Bratkartoffeln, Kroketten, Kartoffelgratin, Kartoffelpüree mit Butter; Vollkornnudeln und Vollkornreis nach dem Kochen in Rapskernöl geschwenkt, Vollkornbrot und -brötchen mit Samen und Kernen wie Sonnenblumen- oder Kürbiskernbrot	Folienkartoffeln, Pellkartoffeln, Salzkartoffeln
Obst (2 Portionen pro Tag)	Ananas, Banane, Birne, Honigmelone, Kaki (Sharonfrucht), Kirschen, Mango, Weintrauben; Trockenobst; Obstsalat oder Obstpüree mit Nusskernen verfeinert	Apfel, Aprikose, Brombeere, Clementine, Erdbeeren (frisch), Grapefruit, Heidelbeeren, Himbeeren, Johannisbeeren, Kiwi, Nektarine, Orange, Pfirsiche, Papaya, Pflaumen, Sauerkirschen, Stachelbeeren, Wassermelone, Zwetschge
Gemüse (3 Portionen pro Tag)	Avocado, Gemüse als Salat mit Pflanzenölen und Nusskernen zubereitet, Gemüse in Rapskernöl gegart, Gemüse in Olivenöl eingelegt	frische „Gemüsesticks“, gedünstetes Gemüse
Nusskerne & Samen	Mandeln, Wal-/Haselnusskerne, Cashew-/Pinien-/Kürbis-/Sonnenblumenkerne	
Fette & Öle	Olivenöl, Rapskernöl, Walnussöl, Leinöl* und Butter	Halbfettbutter, fettreduzierte Margarine
Fisch & Meeresfrüchte	fettreiche Fischsorten wie Aal, Lachs, Makrele; panierter Fisch, Fischstäbchen, in Öl eingelegter Fisch	gedünsteter fettarmer Fisch wie Kabeljau, Scholle, Seelachs
Wurstwaren & Fleisch	fettarme Fleischsorten kalorienreich zubereitet, zum Beispiel in Rapskernöl angebraten oder paniert	gedünstete fettarme Fleischsorten
Eier	**keine Einschränkungen**	
Milch & Milchprodukte, Käse	Doppelrahmfrischkäse, Schnittkäse und Weichkäse (über 45 % Fett i. Tr.), Sahnequark (40 % Fett i. Tr.), Trinkmilch, Joghurt, Dickmilch, Kefir (über 3,5 % Fett); Crème fraîche (40 % Fett), süße Sahne (30 % Fett), Schmand (24 % Fett)	körniger Frischkäse, Schnittkäse und Weichkäse (30 % Fett i. Tr.), Schmelzkäse (20 % Fett i. Tr.); Magerquark oder Speisequark (20 % Fett), Trinkmilch, Joghurt, Dickmilch, Kefir (1,5 % Fett); saure Sahne (10 % Fett)

* Herstellung unter Ausschluss von Sauerstoff, Hitze und Licht (Oxyguard-/Omega-Safe-Verfahren).

Multiple Sklerose

Bei Multipler Sklerose greifen fehlgeleitete Immunzellen die Nerven an, das führt zu Entzündungen und Schmerzen. Die Krankheit ist bislang nicht heilbar. Doch scheint nach bisherigem Kenntnisstand ein Verzicht auf Kohlenhydrate die Symptome zu verringern. Wichtig außerdem: entzündungshemmend essen!

Multiple Sklerose, die „Krankheit mit den 1000 Gesichtern", verläuft von Patient von Patient sehr unterschiedlich. Bei der Behandlung geht es darum, den Verlauf der Erkrankung zu verlangsamen und die Lebensqualität so weit wie möglich zu erhalten.

Mit der Ernährung können MS-Betroffene versuchen, ihre Immunabwehr zu beeinflussen und das Entzündungsgeschehen zu minimieren (siehe Seite 62). Neuere Studien weisen darauf hin, dass eine Überstimulation der Zellen durch zu viel Zucker eine Rolle spielen kann – ketogene Ernährung heißt daher das Schlagwort. Dabei sollen statt Glukose (Blutzucker) sogenannte Ketonkörper den Energiebedarf von Organen und Gehirn decken. Werden dem Organismus Kohlenhydrate – in Form von Zucker oder Stärke – vorenthalten, stellt sich die Leber um und baut Fette aus der Nahrung und unseren Speichern ab. Beim Fettabbau entstehen zunächst Fettsäuren und daraus anschließend Ketonkörper, die unser Körper statt Glukose als Energiequelle nutzen kann. Deshalb gehören täglich fettreiche Eiweißlieferanten wie Fleisch, Fisch und Geflügel, Eier, Vollmilch und sahnige Milchprodukte auf den Speiseplan. Positiv wirken sich vor allem Omega-3-Fettsäuren aus. Kohlenhydrate (etwa Brot, Nudeln, Zuckerhaltiges) sind zu meiden.

Das Wichtigste im Überblick

- Die Ernährung sollte vor allem aus Gemüse, hochwertigen Ölen, Nusskernen, Samen bestehen.
- Fettreiche Eiweißlieferanten wie Fleisch, Fisch und Geflügel, Eier, vollfette Milch und Milchprodukte sollten täglich auf den Tisch kommen.
- Essen Sie 4 bis 6 (kleinere) Mahlzeiten am Tag.
- Die Umstellung auf eine ketogene Ernährung kann zu Mangelversorgung führen. Sie sollte deswegen unbedingt ernährungsmedizinisch begleitet werden (Adressen: www.bdem.de).

Die Ernährungs-Docs

Probleme mit starkem Harndrang? Dann reduzieren Sie keinesfalls die Trinkmenge – zu wenig Flüssigkeit bringt den Stoffwechsel ins Schlingern. Passen Sie lieber die Trink-„zeiten" an, und greifen Sie zu, wenn der Harndrang nicht stört: also zum Beispiel gleich nach dem Aufstehen ein großes Glas Tee, vor der Nachtruhe dagegen zwei Stunden lang nichts mehr. Und vermeiden Sie harntreibende Getränke wie Kaffee.

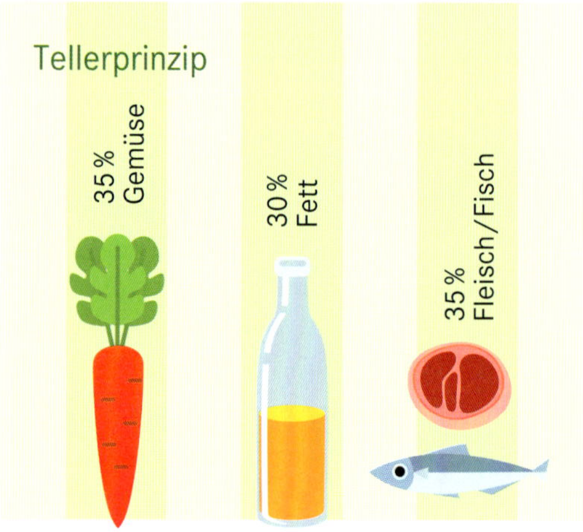

	Empfehlenswert	Nicht empfehlenswert
Getreide wie Brot & Beilagen wie Nudeln, Kartoffeln, Reis	kohlenhydratarmes Brot (Low-carb- oder Eiweißbrot); kohlenhydratarmes Müsli (Leinsamen, Nusskerne, Kokos, Samen)	Brot, Brötchen, Baguette, Knäckebrot, Laugengebäck, Mehrkornbrötchen, Pumpernickel; Reis, Kartoffeln, Nudeln
Snacks & Knabbereien	kohlenhydratarmer Kuchen, kohlenhydratarme Kekse	„normales" Gebäck, Süßigkeiten, Schokolade; Chips, Flips, Salzgebäck
Obst	Oliven, Avocado **in Maßen:** Brom-, Erd-, Heidel-, Him-, Johannisbeeren, Papaya, Rhabarber, Wassermelone, Zitrone	Apfel, Ananas, Aprikose, Banane, Birne, Clementine, Grapefruit, Honigmelone, Kaki, Kirschen, Kiwi, Mango, Nektarine, Orange, Pflaume, Pfirsich, Weintrauben, Zwetschge; gezuckerte Obstkonserven, Trockenobst, Obstmus
Gemüse	Aubergine, Blumenkohl, Brokkoli, Chicorée, Chinakohl, Fenchel, grüne Bohnen, Gurke, Grünkohl, Kohl, Kohlrabi, Lauch, Mangold, Radieschen, Rosenkohl, Rotkohl, Salat, Sauerkraut, Sellerie, Spargel, Spinat, Tomate, Wirsing, Zucchino, Zwiebel; Kräuter wie Kresse, Petersilie	Mais, Süßkartoffel **in Maßen:** Kürbis, Möhre, Rote Bete
Nusskerne & Samen	Hanfsamen, Haselnusskerne, Kokosnuss, Kürbiskerne, Leinsamen, Macadamia-Nusskerne, Mandeln, Paranusskerne, Sesam, Sonnenblumenkerne, Walnusskerne	Cashewkerne, Esskastanien, Pinienkerne
Fette & Öle (ca. 4–6 EL am Tag)	Butter, Hanföl, Kokosöl, Kürbiskernöl, Leinöl*, Olivenöl, Rapskernöl, Walnussöl	Schweine-/Gänse-/Butterschmalz, Palmfett, Mayonnaise, Sonnenblumenöl, Distelöl
Getränke (ca. 2 l am Tag)	Wasser, ungezuckerter Tee und Kaffee	Alkohol, Fruchtsaft, Kakao, Milchmixgetränke (siehe unten), Softdrinks
Fisch & Meeresfrüchte	Aal, Flusskrebs, Forelle, Garnele, Hummer, Heilbutt, Hering, Kabeljau, Karpfen, Lachs, Makrele, Sardine, Scholle, Seezunge, Steinbutt, Thunfisch	
Wurstwaren & Fleisch (1–2 Portionen pro Woche, ca. 100 g)	**in Maßen:** Corned Beef, Fleischwurst (ohne Zusatz von Zucker/Kohlenhydraten), Kassler, Koch- und Lachsschinken, Leberwurst, Mettwurst, Mortadella, Putenbrustaufschnitt, Salami, Schinkenspeck, Weißwurst; Ente, Gans, Hase, Hirsch, Huhn, Kalb, Kaninchen, Lamm, Pute, Reh, Rind, Schwein, Wildschwein	
Eier **Milch & Milchprodukte, Käse**	**keine Einschränkungen** Milch (über 3,5 % Fett), Sahnequark (40 % Fett), Joghurt (über 3,5 % Fett), Sahne, Schmand, Crème fraîche; Käse (über 45 % Fett i. Tr.) wie Schnitt-, Weich-, Schafskäse/Feta, Mozzarella	fettarme Milch und Milchprodukte; Fruchtbuttermilch, Fruchtjoghurt, Fruchtquark, Kakaozubereitungen, Milchreis, Pudding

* Herstellung unter Ausschluss von Sauerstoff, Hitze und Licht (Oxyguard-/Omega-Safe-Verfahren).

Migräne

Heftige, anfallsartig auftretende Kopfschmerzen, oft nur halbseitig: So äußert sich Migräne. Die Auslöser sind individuell sehr verschieden. Histamine, Konservierungsstoffe und Glutamat finden sich oft darunter. Neben der Ernährung gehören aber auch Lebensumstände und Angewohnheiten auf den Prüfstand.

Knapp jeder fünfte Erwachsene kennt Migräneanfälle aus eigener Erfahrung – vor allem Frauen. Aber auch Kinder sind zunehmend betroffen. Die Attacken dauern wenige Stunden bis zu drei Tagen und häufen sich bei chronischer Migräne manchmal so sehr, dass sie fast ohne Pause ineinander übergehen.

Die Ursachen sind noch nicht restlos geklärt. Eine erbliche Überempfindlichkeit bei der Reizverarbeitung im Gehirn scheint eine Rolle zu spielen. Die sogenannten Trigger – also die Auslöser für Migräneanfälle – reichen von Lärm und sonstigen Umwelteinflüssen über hormonelle Schwankungen bis hin zu Übermüdung und Stress.

Weniger Kohlenhydrate, Trigger meiden

Migräneattacken können individuell sehr verschieden sein – ebenso wie die passenden Behandlungsmethoden. Ein Wundermittel gibt es daher genauso wenig wie das eine Ernährungskonzept, das bei allen Migränepatienten gleich gut anschlägt. Nachweislich trägt aber eine Ernährungsumstellung zur Linderung bei.

Die Ernährungs-Docs

Bringen Sie Rhythmus in den Tagesablauf. Wichtig sind drei Mahlzeiten, davon eine warme. Lassen Sie keine Mahlzeit ausfallen, und gehen Sie nicht ohne Frühstück aus dem Haus! Den kleinen Hunger zwischendurch stillen grüne Smoothies (aus histaminarmen Obst- und Gemüsesorten) oder 1 Handvoll (Trocken-)Obst.

Von einer reduzierten Kohlenhydratzufuhr profitiert sogar der gesamte Stoffwechsel.

Das Wichtigste im Überblick

- Sauerstoff tanken: Gehen Sie regelmäßig an die frische Luft, lüften Sie im Haus.
- Regelmäßiger Ausdauersport und Muskelentspannungsverfahren senken den Stresshormonspiegel. Aber Vorsicht: keine körperliche Überbeanspruchung!
- Begrenzen Sie den Umgang mit elektronischen Medien.
- Halten Sie Ruhephasen ein, und schlafen Sie ausreichend.
- Essen Sie stets in Ruhe, und nehmen Sie spätestens 2,5 Stunden vor dem Schlafengehen die letzte Mahlzeit zu sich.
- Genügend trinken: mindestens 2 l pro Tag.
- Tyramine und Histamine vorsichtshalber vermeiden (enthalten in Erdbeeren, Tomaten, Zitrusfrüchten, Nusskernen, Schokolade, Rotwein, Salami und vor allem lange gereiften Käsesorten) – nicht alle reagieren empfindlich darauf, aber Histamine stehen im Verdacht, als Trigger für Migräneattacken zu wirken.
- Produkte ohne Konservierungsstoffe (Pökelsalz, Tartrazin, Benzoesäure) und ohne Geschmacksverstärker (Glutamat) bevorzugen.
- Meiden Sie Fertigprodukte – auch wegen der vielen Zusatzstoffe.
- Ingwer wirkt schmerzhemmend, er lässt sich beispielsweise als Tee trinken.

	Empfehlenswert	Nicht empfehlenswert
Getreide wie Brot & Beilagen	Sauerteigbrot, hefefreie Backwaren; Haferflocken, Hirse, Quinoa, Müsli ohne Zucker; Vollkornnudeln/-reis, Pellkartoffeln	Weißbrot, Toast, Weizen-/Milchbrötchen, Fertigbackmischungen, Weizenkeime; Hartweizennudeln, geschälter Reis
Brotaufstriche, Süßes, Snacks & Knabbereien	Konfitüren, Marmeladen, Fruchtbonbons, Fruchtgummi, Kaugummi, Popcorn	Nugat, Erdnusscreme, Schokolade, Marzipan, süße Backwaren, Eiscreme, Bonbons, Chips, Zucker, Süßstoff (Light-Produkte)
Obst (2 Portionen am Tag)	**frisches Obst**: Apfel, Aprikose, Heidel-, Johannisbeere, Kaki, Kirschen, Litschi, Mango, Melone, Nektarine, Pfirsich, Pflaume, Preiselbeeren	kandiertes Trockenobst, überreifes Obst, Obstkonserven **nach individueller Verträglichkeit:** Ananas, Banane, Birne, Erd-, Himbeeren, Kiwi, Papaya, Rhabarber, Zitrusfrüchte
Gemüse (ca. 3 Portionen am Tag)	Brokkoli, Chicorée, Gurke, Kohl, Kohlrabi, Kürbis, Lauch, Mais, Mangold, Möhre, Paprika, Radieschen, Rettich, Rote Bete, Salat, Spargel, Zucchino, Zwiebel	**nach individueller Verträglichkeit:** Aubergine, Avocado, Hülsenfrüchte/Soja, Pilze, Sauerkraut, Spinat, Sprossen, Tomate; konserviertes/milchsauer eingelegtes Gemüse
Nusskerne & Samen	Chiasamen, Esskastanien, Kokosnuss, Kürbiskerne, Leinsamen, Macadamia-, Nuss-, Pinienkerne, Sesam, Sonnenblumenkerne	**nach individueller Verträglichkeit:** Erdnusskerne, Pistazienkerne, Haselnusskerne, Walnusskerne
Fette & Öle	Butter, Butterschmalz, Olivenöl, Leinöl*, Kokosfett	
Getränke (ca. 2 l am Tag)	Wasser, Kräutertees, Ingwertee **nach individueller Verträglichkeit:** frische, nicht zitrushaltige Obstsäfte, Gemüsesäfte ohne Tomaten (außer Sauerkraut); Reis-, Hafer-, Kokosdrink	Sojamilch; Schwarz-/Grün-/Mate-Tee, Brennnesseltee; Kaffee; Tomaten-/Zitrussaft, Milchmixgetränke (siehe unten), milchsauer vergorene Säfte, Soft-/Energydrinks; Alkohol (vor allem Weißbier, Rotwein)
Fisch & Meeresfrüchte	frisch gefangene oder tiefgekühlte Süß- und Salzwasserfische	Fischkonserven; Muscheln und Schalentiere wie Garnelen, Hummer
Wurstwaren & Fleisch	grundsätzlich frisches oder tiefgekühltes Fleisch und Geflügel; (mit Schweinefleisch haben einige Betroffene Probleme)	gepökelte Fleischwaren (Kassler Speck, Lachsschinken, Putenbrustaufschnitt), Leber, Rohwürste/-schinken; mariniertes, getrocknetes, schlecht gelagertes Fleisch
Feinkost, Gewürze & Fertiggerichte	Apfelessig	Algenerzeugnisse, Brühe mit Hefe, Fleisch-/Hefeextrakte, Glutamat, Ketchup, Tomatenmark, Balsam-/Weinessig, Sojaprodukte, eingelegte Lebensmittel, Fertiggerichte
Eier Milch & Milchprodukte, Käse	Eigelb Milch, Buttermilch, Sahne, Speisequark, Naturjoghurt, Frischkäse, Mascarpone, Mozzarella, Ricotta, junger Gouda, Butterkäse	Eiweiß tyraminhaltige, länger gereifte Käsesorten, Schmelzkäse, Edelschimmelkäse, Harzer; Milchreis, Fruchtjoghurt/-quark/-buttermilch, Kakaozubereitungen

* Herstellung unter Ausschluss von Sauerstoff, Hitze und Licht (Oxyguard-/Omega-Safe-Verfahren).

Wechseljahre

Die Menopause ist keine Krankheit, aber für Frauen eine Zeit der äußerlichen wie inneren Veränderungen. Mit dem Östrogenspiegel sinkt auch der weibliche Gesundheitsschutz. Anpassungen in der Ernährung und im Lebensstil können leichte Beschwerden beheben und stellen die Weichen richtig.

Meist um das 50. Lebensjahr endet bei Frauen der Zyklus und die für die Fruchtbarkeit zuständigen Östrogene versiegen. Mit dem Hormonschwund treten oft Beschwerden auf: Unter Schlafstörungen, Schweißausbrüchen und Hitzewallungen leiden zwei Drittel aller Frauen. Häufig hilft es, Alkohol und koffeinhaltige Getränke zu meiden. Wohltuend für manche können auch Phytohormone sein – sekundäre Pflanzenstoffe, die eine östrogenähnliche Wirkung haben. Sie stecken in Sojaprodukten, Leinsamen, Hülsenfrüchten, Getreide und Beeren.

Aufgepasst mit Übergewicht: Eine 50-jährige Frau braucht rund 400 Kalorien täglich weniger als eine 25-jährige. Mit dem Bauchfett wächst das Risiko für Gefäßerkrankungen, Diabetes und allerlei Krebsarten. Das Herzinfarktrisiko steigt selbst bei Schlanken, da die regulierende Wirkung des Östrogens auf Blutdruck und Cholesterin wegfällt. Omega-3-Fettsäuren schützen – fetter Seefisch gehört mehrmals wöchentlich auf den Speiseplan, ebenso gesunde Öle.

Die Ernährungs-Docs

Gegen poröse Knochen helfen Bewegung und täglich mindestens 1000 Milligramm Kalzium. Eine kleine Kalziumbombe ist Hartkäse. Dann ein Naturjoghurt, zwischendurch einige Nusskerne und vor dem Schlafengehen ein Glas Milch – so lässt sich der Tagesbedarf decken. Wichtig: Kalzium braucht Vitamin D als Chauffeur zur Arbeit – aus fettem Fisch, Leber, Eiern und Pilzen.

Auch der Darm stellt sich merklich um. Sauermilchprodukte halten ihn in Schwung, außerdem Ballaststoffe aus Vollkorngetreide, Nusskernen, Samen und Gemüse. Wer Rohkost nicht mehr so gut verträgt, steigt um auf schonend Gedämpftes.

Das Wichtigste im Überblick

- Essen Sie täglich 3 Portionen Gemüse/Salat und 2 Portionen Obst – gern mit Schale und bio.
- Ballaststoffe kurbeln die Verdauung an: mehr Grünes und Vollkorn, weniger Süßes. Eine kleine Nascherei täglich ist erlaubt – am besten zu den Hauptmahlzeiten.
- Hochwertiges Eiweiß aus (Sauer-)Milchprodukten, Tofu und Hülsenfrüchten täglich aufnehmen.
- Kalziumquellen sind neben Milchprodukten auch dunkelgrüne Gemüsesorten, Nusskerne und Samen oder ein kalziumreiches Mineralwasser.
- Gut fürs Herz und gegen Entzündungen sind Omega-3-Fettsäuren aus fettem Fisch (2- bis 3-mal wöchentlich) und pflanzlichen Ölen.
- Meiden Sie Kaffee und Alkohol (begünstigt beides Hitze). Trinken Sie über den Tag verteilt mindestens 6 bis 8 Gläser/Tassen Wasser oder ungesüßte Kräutertees.
- Soja, Sprossen, Leinsamen und Salbei enthalten Phytohormone, also Pflanzenstoffe mit hormonähnlicher Wirkung. Extrakte aus Traubensilberkerze helfen bei Schlafstörungen.
- Bewegung wie Laufen oder Schwimmen ist unverzichtbar für stabile Knochen. Ein sportlicher Spaziergang am Tag hilft und aktiviert den Darm.

	Empfehlenswert	Nicht empfehlenswert
Getreide wie Brot & Beilagen wie Nudeln, Kartoffeln, Reis	**bei Übergewicht in Maßen:** Vollkornbrot, Vollkorngetreideprodukte insbesondere aus Hafer (Haferkleie), Gerste, Dinkel, Roggen; Vollkornnudeln/-reis, Pellkartoffeln; Haferflocken, Müsli ohne Zucker	Weißbrot, Toast, Zwieback, Weizen-/Milchbrötchen, Croissant; Hartweizennudeln, geschälter Reis, Pommes, Kroketten, Kartoffelbrei, -puffer, Pfannkuchen, Fertiggerichte, Fast Food
Snacks & Knabbereien (bei Bedarf 1 kleine Handvoll am Tag, ca. 25 g)		süße Backwaren/Milchprodukte (siehe unten), Süßigkeiten; Salzgeback, Chips, Flips
Obst (2 Portionen am Tag)	Apfel, Aprikose, Clementine, Erd-/Heidel-/Stachelbeeren, Grapefruit, Kirschen, Nektarine, Papaya, Pflaume, Pfirsich, Wassermelone, Zwetschge; **sehr kalziumreich:** Brom-, Him-, Johannisbeeren, Orange, Kiwi; Trockenobst	gezuckerte Obstkonserven, Obstmus, kandiertes Trockenobst **in Maßen:** Ananas, Banane, Birne, Honigmelone, Kaki (Sharonfrucht), Kirsche, Mango, Weintrauben
Gemüse (3 Portionen am Tag)	fast alle Gemüse; **sehr kalziumreich:** dunkelgrünes Gemüse (Brokkoli, Grünkohl, Rucola, Spinat); Kräuter (gegen Hitze: Salbei)	Mais, Süßkartoffel
Nusskerne & Samen (ca. 20 g am Tag)	**sehr kalziumreich:** Cashew-, Haselnuss-, Kürbiskerne, Mandeln, Pinien-, Sonnenblumen-, Walnusskerne, Lein, Mohn, Sesam	Erdnusskerne und gesalzene Nusskerne
Fette & Öle (ca. 1–2 EL am Tag)	Olivenöl, Rapskernöl, Walnussöl, Leinöl* und Butter	Schweine-/Gänse-/Butterschmalz, Palmfett, Mayonnaise, Sonnenblumenöl, Distelöl
Getränke (ca. 2 l am Tag)	Wasser **sehr kalziumreich:** Mineralwasser mit über 300 mg Kalzium/100 ml	Fruchtsaft, Softdrinks (auch Light-Getränke), Kakao; Alkohol; **in Maßen:** ungezuckerter Tee und Kaffee
Fisch & Meeresfrüchte (1–2 x pro Woche, ca. 150 g)	Aal, Forelle, Heilbutt, Hering, Kabeljau, Karpfen, Lachs, Makrele, Sardine, Scholle, Seezunge, Steinbutt, Thunfisch, Wildlachs; Schalentiere wie Garnelen, Hummer	Fisch in Mayonnaise oder Sahne eingelegt; panierter Fisch
magere Wurstwaren & mageres Fleisch (1–2 x pro Woche, ca. 150 g)	Aspik, Corned Beef, Kassler, Koch- und Lachsschinken, Putenbrustaufschnitt; Hühner-/Putenfleisch; Schweinefilet/-rücken, Rinderfilet	Bauchspeck, Blut-/Bock-/Brat-/Fleischwurst, Leberkäse, Mettwurst, Mortadella, Nackenfleisch, Salami, Schinkenspeck; paniertes Fleisch
Eier **Milch & Milchprodukte, Käse**	keine Einschränkung (Eigelb ist kalziumreich) Kochsahne, saure Sahne; **besonders kalziumreich:** fettarme (!) Milchprodukte wie Naturjoghurt, Trink-/Buttermilch, Frischkäse, Quark, Sauermilchprodukte; Käse (bis 45 % Fett i. Tr.), v. a. Schnittkäse; auch Schafskäse, Mozzarella, körniger Frischkäse, Harzer; **sehr kalziumreich:** Parmesan	 Sahne, Schmand, Crème fraîche; Pudding, Milchreis, Fruchtbuttermilch, Fruchtjoghurt, Fruchtquark, Kakaozubereitungen

* Herstellung unter Ausschluss von Sauerstoff, Hitze und Licht (Oxyguard-/Omega-Safe-Verfahren).

REZEPTE ZUM GENIESSEN

Essen Sie sich gesund! Frühstück, kleine Gerichte, Hauptmahlzeiten und Süßes: Hier finden Sie über 70 leckere Rezepte für Ihr Wohlbefinden. Natürlich mit der Empfehlung der Ernährungs-Docs, was bei welchen Krankheiten und Beschwerden am besten ist. Echte Highlights sind die vielfach gesunden „Superrezepte“. Besonders praktisch: Sie erkennen auf einen Blick, was die Gerichte außerdem auszeichnet – ob Blitzrezept, vegan, zum Mitnehmen oder für Gäste (Symbole siehe Inhalt, Seite 5). Lassen Sie sich inspirieren!

FRÜHSTÜCK

Nichts ist wichtiger als ein gesunder Start in den Tag! Egal, ob süß oder herzhaft, flüssig oder bissfest, Low oder High Carb – unsere Frühstücksideen liefern Ihnen reichlich Nährstoffe und Vitamine. Wählen Sie zwischen Smoothies & Quarkspeisen, Müslis & Porridge, selbst gebackenen Broten und Brötchen sowie Eierspeisen & Aufstrichen!

Smoothie mit Himbeeren, Pfirsich und Salat

Adipositas | Arthrose | Bluthochdruck | Colitis ulcerosa | Diabetes | Fettleber
Fettstoffwechselstörungen | Rheuma | Schuppenflechte | Wechseljahre

Für 2 Personen
Zubereitungszeit: 10 Minuten

50 g Himbeeren
5–6 Blätter Kopfsalat
1 Pfirsich, 1 EL Leinöl

Nährwerte pro Portion: 100 kcal, 2 g EW, 6 g F, 8 g KH, 4 g BST

+ Die Himbeeren verlesen, waschen und trocken tupfen. Die Salatblätter putzen, waschen und trocken tupfen. Den Pfirsich waschen und halbieren, den Stein entfernen und die Pfirsichhälften in grobe Stücke schneiden.

+ Himbeeren, Salatblätter und Pfirsichstücke mit 150 ml Wasser und dem Öl im Küchenmixer oder in einem hohen Rührbecher mit dem Stabmixer fein pürieren. Anschließend in Gläser verteilen und servieren (im Bild rechts).

Smoothie mit Spinat und Erdbeeren

Adipositas | Arthrose | Bluthochdruck | Colitis ulcerosa | Diabetes | Fettleber
Fettstoffwechselstörungen | Rheuma | Schuppenflechte | Wechseljahre

Für 2 Personen
Zubereitungszeit: 10 Minuten

250 g Babyspinat
5 große Erdbeeren
1 Birne
1 EL Leinöl

Nährwerte pro Portion: 130 kcal, 4 g EW, 7 g F, 11 g KH, 5 g BST

+ Den Spinat verlesen und waschen, dabei grobe Stiele entfernen. Die Erdbeeren waschen, putzen und trocken tupfen. Die Birne waschen und vierteln, entkernen und in grobe Stücke schneiden.

+ Spinat, Erdbeeren und Birnenstücke mit 150 ml Wasser und dem Öl im Küchenmixer oder in einem hohen Rührbecher mit dem Stabmixer fein pürieren. In Gläser verteilen und servieren (im Bild links).

Tipp: In Smoothies lassen sich gut übrig gebliebene Stiele und Blätter von Gemüse und Salat verarbeiten. Sie sind reich an pflanzlichen Mineralstoffen und Antioxidantien und bremsen Entzündungen.

DAS SUPER
REZEPT

Smoothie mit Avocado

Bluthochdruck | Colitis ulcerosa | Rheuma

Für 2 Personen
Zubereitungszeit: 10 Minuten

1/2 Avocado, 2 kleine Birnen
50 g Babyspinat oder Feldsalat
Saft von 1 Orange
Zitronensaft
1 EL Leinöl

Nährwerte pro Portion: 180 kcal, 2 g EW, 10 g F, 19 g KH, 5 g BST

+ Falls nötig, den Kern der Avocadohälfte noch entfernen. Die Avocadohälfte schälen und das Fruchtfleisch in kleine Stücke schneiden. Die Birnen waschen und vierteln, entkernen und in grobe Stücke schneiden. Spinat oder Salat putzen und waschen.

+ Die Avocado- und Birnenstücke, die Spinat- oder Salatblätter mit dem Orangensaft und wenig Zitronensaft sowie dem Öl im Küchenmixer oder in einem hohen Rührbecher mit dem Stabmixer fein pürieren. In Gläser verteilen und servieren (im Bild rechts).

Smoothie mit Mango und Möhrengrün

Bluthochdruck | Colitis ulcerosa | Rheuma

Für 2 Personen
Zubereitungszeit: 15 Minuten

150 g Babyspinat oder Romanasalat
Grün von 3 Möhren
je 1 Orange und Banane
150 g Mangofruchtfleisch
1 EL Leinöl

Nährwerte pro Portion: 180 kcal, 4 g EW, 7 g F, 22 g KH, 5 g BST

+ Spinat oder Salat putzen und waschen. Möhrengrün waschen und trocken schütteln. Orange schälen und in Segmente teilen. Banane und – bei Bedarf – Mango schälen und in grobe Stücke schneiden.

+ Spinat- oder Salatblätter, Möhrengrün, Orange, Banane und Mango mit 400 ml Wasser sowie dem Öl im Küchenmixer oder in einem hohen Rührbecher mit dem Stabmixer fein pürieren. In Gläser verteilen und servieren (im Bild links).

Tipp: Hochwertige Öle wie Hanf-, Lein- oder Walnussöl – ohne Einwirkung von Licht, Hitze und Sauerstoff gepresst – wirken entzündlichen Prozessen entgegen. Ideal dazu passt antioxidatives Weizenkeimöl.

Mehrkornbrötchen

Adipositas | Arthrose | Bluthochdruck | Diabetes | Fettleber | Fruktose-Intoleranz
Gicht | Reflux | Rheuma | Schuppenflechte | Wechseljahre

Für 10 Stück
Zubereitungszeit: 20 Minuten
Gehen: 70 Minuten
Backen: 20 Minuten

300 g Dinkelvollkornmehl
1 Würfel Hefe (ca. 42 g)
1 EL Reissirup (aus Bioladen oder Reformhaus; siehe Tipp)
100 g Roggenschrot
1 TL Meersalz
2 EL weiche Butter
50 g gemischte Kerne (z. B. Lein- und Sesamsamen, Sonnenblumen- und Kürbiskerne)
Dinkelvollkornmehl zum Arbeiten

Nährwerte pro Stück: 210 kcal, 8 g EW, 6 g F, 29 g KH, 5 g BST

+ Das Dinkelmehl in eine Schüssel geben und eine Mulde hineindrücken. Die Hefe hineinbröckeln, mit dem Reissirup und 5 EL lauwarmem Wasser verrühren. Leicht mit Mehl bestäuben und zugedeckt an einem warmen Ort 10 Minuten gehen lassen.

+ Dann Roggenschrot, Salz, Butter, Kerne und 200 ml lauwarmes Wasser dazugeben und alles mit den Knethaken des Handrührgeräts verkneten. Den Teig zu einem Laib formen, mit Mehl bestäuben und zugedeckt an einem warmen Ort etwa 30 Minuten gehen lassen.

+ Ein Backblech mit Backpapier auslegen. Den Teig auf wenig Mehl nochmals kräftig durchkneten. Falls er zu weich ist, noch etwas Mehl einarbeiten. Zuerst zu einer Rolle formen, dann in 10 Portionen teilen. Jede Portion mit bemehlten Händen zu einem Brötchen formen, nebeneinander auf das Blech setzen und zugedeckt noch 30 Minuten gehen lassen. Inzwischen den Backofen auf 200 °C vorheizen.

+ Die Brötchen im Ofen auf der mittleren Schiene etwa 20 Minuten backen. Herausnehmen und auf dem Kuchengitter abkühlen lassen.

Tipp: Die Brötchen eignen sich prima für den Brunch: Sie können den Teig schon am Vortag zubereiten und im Kühlschrank gehen lassen. Am nächsten Tag nur noch die Brötchen formen und frisch backen. Wer mag, bestreut sie vor dem Backen mit Kernen.

Die Ernährungs-Docs

Reissirup enthält gegenüber normalem Haushaltszucker weniger Glukose und gar keine Fruktose. Deshalb wird er verzögert ins Blut aufgenommen und erzeugt keinen Heißhunger.

DAS SUPER
REZEPT

Dinkelbrot mit Flohsamen

Adipositas | Arthrose | Bluthochdruck | Colitis ulcerosa | Diabetes | Gicht | Migräne
Neurodermitis | Reflux | Reizdarm | Rheuma | Schuppenflechte | Wechseljahre

Für 1 Brotbackform
(25 cm Länge; für 14 Scheiben)
Zubereitungszeit: 15 Minuten
Backen: 75 Minuten

100 g Quinoa
250 g Dinkelmehl (Type 630)
2 TL gemahlene Flohsamenschalen
1 1/2 TL Backpulver
1 TL Salz
20 g gehackte Kräuter
(z. B. Oregano, Petersilie, Rosmarin, Thymian)
450 ml ungesüßter Mandeldrink
6 EL Kokosfett oder
60 ml Traubenkernöl
Olivenöl für die Form

Nährwerte pro Scheibe: 150 kcal, 4 g EW, 6 g F, 18 g KH, 2 g BST

+ Den Backofen auf 180 °C vorheizen. Die Backform mit Öl einfetten. Die Quinoa in einem feinen Sieb gründlich waschen und gut abtropfen lassen. Dann in einer beschichteten Pfanne ohne Fett leicht rösten. Herausnehmen und etwas abkühlen lassen.

+ Anschließend die Quinoa mit allen trockenen Zutaten sowie den Kräutern in einer Schüssel mischen. Den Mandeldrink und das Kokosfett oder Öl dazugeben und alles mit den Quirlen des Handrührgeräts zu einem geschmeidigen Teig verarbeiten.

+ Den Teig in die Brotbackform geben und im Ofen auf der mittleren Schiene etwa 75 Minuten backen. Zur Garprobe einen Holzspieß in das Brot stechen – wenn beim Herausziehen kein Teig mehr daran kleben bleibt, ist das Brot fertig. Das Brot aus dem Ofen nehmen und kurz abkühlen lassen, dann aus der Form stürzen und auf dem Kuchengitter vollständig abkühlen lassen.

Tipp: Das Brot ist superschnell zubereitet und benötigt lediglich etwas Zeit im Ofen. Anstelle des Mandeldrinks können Sie dafür auch andere Milchersatz-Drinks wie Haselnuss-, Hafer-, Dinkel- oder Sojadrink verwenden – je nach individueller Verträglichkeit.

Die Ernährungs-Docs

Indische Flohsamenschalen helfen, den Darm zu beruhigen. Ähnlich wie Leinsamen enthalten sie viele lösliche Ballaststoffe wie Pektin und Samenschleimstoffe, die im Darm aufquellen und für Volumen sorgen. Zusätzlich wirken sie im Darm als Prebiotikum, da sie teilweise Darmbakterien als Nahrung dienen.

Möhren-Eiweiß-Brot

Adipositas | Bluthochdruck | Diabetes | Fettleber | Fruktose-Intoleranz | Migräne
Multiple Sklerose | Wechseljahre

Für 1 Brotbackform
(ca. 10 x 20 cm; für 16 Scheiben)
Zubereitungszeit: 15 Minuten
Backen: 70–90 Minuten

2 Möhren
250 g Magerquark
4 Eier
150 g gemahlene Mandeln
150 g Leinsamen
2 EL Sojamehl
4 EL Schmelzflocken
1 1/2 Päckchen Backpulver
4 EL Sonnenblumenkerne
1/2 TL Brotgewürz
1 TL Salz

Nährwerte pro Scheibe: 180 kcal, 10 g EW, 12 g F, 6 g KH, 4 g BST

+ Den Backofen auf 150 °C (Umluft) vorheizen. Die Backform mit Backpapier auslegen. Die Möhren putzen, schälen und fein raspeln.

+ Den Quark mit den Eiern in einer Schüssel mit den Quirlen des Handrührgeräts verrühren. Mandeln, Leinsamen, Sojamehl, Schmelzflocken, Backpulver, Sonnenblumenkerne und Möhrenraspel unter die Quarkmasse rühren.

+ Den Brotteig mit Brotgewürz und Salz würzen, in die Backform geben und glatt streichen. Das Brot im Ofen auf der mittleren Schiene 70 bis 90 Minuten backen, bis es eine schöne Kruste hat. Aus dem Ofen nehmen und kurz abkühlen lassen, dann aus der Form stürzen und auf dem Kuchengitter vollständig abkühlen lassen. Das Brot schmeckt am besten getoastet.

Tipp: Für den Vorrat können Sie das Brot gleich zweimal backen. Es lässt sich nämlich prima einfrieren – dazu am besten in Scheiben schneiden und portionsweise tiefkühlen.

Die Ernährungs-Docs

Das Möhren-Eiweiß-Brot punktet mit reichlich Protein, Mandeln und Samen – anstelle von Mehl beziehungsweise Getreide. Damit ist es eine leckere Alternative zu gewöhnlichem Brot für alle, die auf Low Carb setzen sollten. Wer Brotgewürz nicht mag, kann den Brotteig stattdessen mit 1 Msp. gemahlener Kurkuma würzen – das süßlich-pikante und entzündungshemmende Gewürz harmoniert sehr gut mit den Möhren.

DAS SUPER
REZEPT

Quinoamüsli mit Pfirsich

Adipositas | Arthrose | Bluthochdruck | Colitis ulcerosa | Diabetes | Fettleber
Fettstoffwechselstörungen | Gicht | Reflux | Rheuma | Schuppenflechte
Wechseljahre

Für 2 Personen
Zubereitungszeit: 20 Minuten

6 EL Quinoaflocken
(aus Bioladen oder Reformhaus)
3 EL Hafervollkornflocken
1 EL Zitronensaft
1 EL gehackte Haselnusskerne
1 EL Sonnenblumenkerne
6 Erdbeeren
2 reife Pfirsiche (ca. 250 g;
ersatzweise aus der Dose)
200 g fettarmer Naturjoghurt
(1,5 % Fett)
2 TL flüssiger Honig
1 EL getrocknete Cranberrys

Nährwerte pro Portion: 390 kcal,
13 g EW, 13 g F, 51 g KH, 7 g BST

+ Die Quinoa- und Haferflocken in einer Schüssel mit dem Zitronensaft und 5 EL Wasser beträufeln und einweichen. Inzwischen die Haselnüsse und Sonnenblumenkerne in einer beschichteten Pfanne ohne Fett leicht rösten. Herausnehmen und abkühlen lassen.

+ Die Erdbeeren waschen, putzen und je nach Größe halbieren oder vierteln. Die Pfirsiche waschen, halbieren und jeweils den Kern entfernen. 1 Pfirsich in Spalten schneiden und beiseitestellen. Den übrigen Pfirsich in kleine Stücke schneiden, mit Joghurt und Honig in einem hohen Rührbecher mit dem Stabmixer grob pürieren.

+ Die eingeweichten Flocken mit Nuss-Mix, Cranberrys und Pfirsichjoghurt mischen. Das Müsli in Schalen verteilen und mit den beiseitegestellten Pfirsichspalten und Erdbeeren garnieren.

Tipp: Statt der Quinoaflocken können Sie auch die ganzen Körner nehmen: Dazu für 2 Personen 60 g Quinoa in einem Sieb unter fließendem heißem Wasser waschen. In einem Topf mit 150 ml Wasser aufkochen und zugedeckt bei schwacher Hitze 15 bis 20 Minuten ausquellen lassen. Dann vom Herd nehmen und offen noch 5 Minuten abkühlen lassen. Wie im Rezept beschrieben verwenden.

Die Ernährungs-Docs

Ein echtes Gute-Laune-Frühstück: Flocken, Nüsse und Kerne geben für viele Stunden Kraft und lassen den Blutzuckerspiegel nur langsam ansteigen. Pfirsiche und Erdbeeren punkten mit einer Extraportion Vitamine, und Joghurt stärkt die Nerven.

Chia-Kokos-Pudding mit Beeren

Adipositas | Arthrose | Bluthochdruck | Colitis ulcerosa | Diabetes | Fettleber
Fettstoffwechselstörungen | Gicht | Multiple Sklerose | Rheuma | Schuppenflechte
Wechseljahre

Für 2 Personen
Zubereitungszeit: 30 Minuten
Einweichen: 12 Stunden
(am besten über Nacht)

30 g Chiasamen
(aus Bioladen oder Reformhaus)
100 ml fettarme Kokosmilch
(12 % Fett; aus der Dose)
1 TL natives Kokosöl oder
Rapskernöl
2 EL gehackte Mandeln
2 EL Kokosraspel
2 EL Dinkelvollkornflocken
2 TL Reissirup
(aus Bioladen oder Reformhaus)
250 g gemischte Beeren
(z. B. Erd-, Heidel-, Him-,
Johannisbeeren)

Nährwerte pro Portion: 400 kcal, 10 g EW, 28 g F, 24 g KH, 12 g BST

+ Die Chiasamen mit Kokosmilch und 1/8 l Wasser verrühren und 10 Minuten quellen lassen. Dann alles nochmals durchrühren und die Mischung zugedeckt 12 Stunden – am besten über Nacht – im Kühlschrank ausquellen lassen.

+ Am nächsten Tag das Öl in einer beschichteten Pfanne erwärmen und Mandeln, Kokosraspel und Dinkelflocken darin bei mittlerer Hitze unter Rühren 3 bis 4 Minuten goldbraun rösten. Mit dem Reissirup beträufeln, gut mischen und vom Herd nehmen.

+ Die Beeren verlesen, waschen und trocken tupfen. Die Erdbeeren waschen, putzen und halbieren. Den Chiapudding aus dem Kühlschrank nehmen, nochmals durchrühren und mit der Kokos-Flocken-Mischung und den Beeren in große Gläser oder Schalen schichten. Dabei mit einigen Beeren abschließen, sofort servieren.

Tipp: Statt in Kokosmilch können Sie die Chiasamen auch in Mandel-, Hafer- oder Sojadrink, in Milch oder Wasser einweichen. Am besten über Nacht quellen lassen, damit die Nährstoffe optimal verfügbar sind. Und gleich eine größere Menge ansetzen: Das fertige Chiasamengel hält sich im Glas verschlossen im Kühlschrank mind. 1 Woche.

Die Ernährungs-Docs

Chiasamen kommen ursprünglich aus Mexiko. Schon die Maya und Azteken nutzten ihre Heilkräfte. Die energiegeladenen Winzlinge liefern reichlich Eiweiß, viele Ballaststoffe und vor allem wertvolle Omega-3-Fettsäuren. So sorgen sie in Verbindung mit Beeren und Kokos für einen Turbostart in den Tag.

Himbeer-Kokos-Porridge

Adipositas | Arthrose | Bluthochdruck | Diabetes | Fettleber | Fettstoffwechselstörungen | Gicht | Rheuma | Schuppenflechte | Untergewicht | Wechseljahre

Für 2 Personen
Zubereitungszeit: 10 Minuten

150 g Himbeeren
150 g Rote Johannisbeeren
1 TL Reissirup
(aus Bioladen oder Reformhaus)
350 ml fettarme Milch (1,5 % Fett)
6 EL zarte Haferflocken
50 g Kokosraspel oder -chips
Salz
einige Minzeblätter zum
Garnieren (nach Belieben)

Nährwerte pro Portion: 430 kcal, 14 g EW, 22 g F, 38 g KH, 13 g BST

+ Die Himbeeren und Johannisbeeren verlesen, waschen und trocken tupfen. In einer Schüssel vorsichtig mit dem Reissirup mischen und bis zum Servieren ziehen lassen.

+ Inzwischen die Milch mit Haferflocken, Kokosraspeln und 1 Prise Salz in einen Topf geben und unter Rühren einmal aufkochen. Den Porridge vom Herd nehmen, kurz abkühlen lassen und abwechselnd mit der Beerenmischung in Gläser schichten. Nach Belieben mit ein paar Minzeblättern garnieren.

Tipp: Für einen noch intensiveren Kokosgenuss können Sie auch die gleiche Menge fettarme Kokosmilch (12 % Fett; aus der Dose) anstelle der Kuhmilch für den Porridge verwenden. Dann schmeckt der warme Haferbrei auch allen, die Milchzucker (Laktose) nicht gut vertragen.

Die Ernährungs-Docs

Vor allem Diabetiker liegen nicht nur beim Frühstück mit Haferflocken richtig. Denn Hafer enthält reichlich Beta-Glucan – ein Ballaststoff, der hilft, den Blutzuckerspiegel zu senken. Personen mit starkem Untergewicht nehmen am besten vollfette Milch oder sogar ein Milch-Sahne-Gemisch.

Fruchtiger Frühstücksquark

Geeignet bei allen Krankheiten

Für 2 Personen
Zubereitungszeit: 10 Minuten

250 g Magerquark
(nach Belieben laktosefrei)
100 ml Milch
(nach Belieben laktosefrei)
40 ml Leinöl-Weizenkeimöl-Mischung (am besten im Omega-Safe-Verfahren hergestellt)
2 TL flüssiger Honig
(nach Belieben)
2 Spritzer Zitronensaft
frisches Obst nach Belieben
(z. B. 1 Apfel, einige Brombeeren, 6 Erdbeeren, 50 g Heidelbeeren – je nach Verträglichkeit)
gehackte Mandeln, Walnuss- oder Haselnusskerne zum Bestreuen (nach Belieben)

Nährwerte pro Portion: 420 kcal, 18 g EW, 27 g F, 22 g KH, 4 g BST

+ Quark, Milch, Öl, nach Belieben Honig und Zitronensaft in einer Schüssel gründlich verrühren und die Mischung in kleine Gläser oder Schüsseln füllen.

+ Den Apfel waschen und halbieren, entkernen und in dünne Spalten schneiden. Die Beeren verlesen, waschen und trocken tupfen. Die Erdbeeren putzen, waschen und in Scheiben schneiden. Das Obst auf dem Quark verteilen und zum Servieren nach Belieben mit Mandeln, Walnüssen oder Haselnüssen bestreuen.

Tipp: Wer mag, kann das Obst auch noch mit der Quarkmischung pürieren. Einfach wie beschrieben vorbereiten und mit dem Quark und den übrigen Zutaten in einen Küchenmixer oder hohen Rührbecher geben. Dann im Mixer oder mit dem Stabmixer fein pürieren.

Die Ernährungs-Docs

Diabetiker und Menschen mit Fettstoffwechselstörungen geben am besten noch 2 bis 3 EL Haferkleie in den Frühstücksquark. Die Kleie wirkt dank des enthaltenen Beta-Glucans regulierend auf die Verstoffwechslung von Kohlenhydraten. Bei Laktose-Intoleranz können Sie auf laktosefreie Milchprodukte zurückgreifen – alternativ den laktosefreien Chia-Kokos-Pudding (siehe Seite 104) zum Frühstück genießen.

DAS SUPER
REZEPT

Eiersalat mit Apfel und Kernen

Adipositas | Arthrose | Bluthochdruck | Diabetes | Fettleber | Fettstoffwechselstörungen | Rheuma | Schuppenflechte | Wechseljahre

Für 2 Personen
Zubereitungszeit: 20 Minuten

4 Eier
2 EL fettarme Mayonnaise (4,8 % Fett)
3 EL fettarmer Naturjoghurt (1,5 % Fett)
1 EL Weißweinessig
1 TL Currypulver
Cayennepfeffer (nach Belieben)
Salz, Pfeffer aus der Mühle
1 säuerlicher Apfel (z. B. Elstar)
1 EL Petersilienblätter
1/2 rote Zwiebel
2 Gewürzgurken
1 EL Sonnenblumenkerne

Nährwerte pro Portion: 330 kcal, 19 g EW, 16 g F, 24 g KH, 3 g BST

+ Die Eier 8 Minuten hart kochen. Anschließend kalt abschrecken und abkühlen lassen. Inzwischen für das Dressing die Mayonnaise in einer Schüssel mit Joghurt, Essig, Curry, nach Belieben Cayennepfeffer, Salz und Pfeffer verrühren.

+ Den Apfel nach Belieben schälen, dann vierteln, entkernen und die Viertel in Würfel schneiden. Die Petersilienblätter waschen, trocken tupfen und fein hacken. Die Zwiebel schälen und in dünne Ringe schneiden. Die Gewürzgurken in feine Würfel schneiden. Die Eier pellen und in Würfel oder Viertel schneiden.

+ In einer großen Schüssel Apfel, Petersilie, Zwiebel, Gurken und Eier mischen und das Mayonnaisedressing unterrühren. Den Eiersalat mit Sonnenblumenkernen bestreut servieren. Dazu schmeckt eine Scheibe Vollkornbrot.

Tipp: Für ein würziges Topping können Sie den Eiersalat nach Belieben noch mit Gartenkresse garnieren – dazu Kresse vom Beet schneiden, waschen und trocken tupfen.

Die Ernährungs-Docs

Fettarme beziehungsweise fettreduzierte Produkte helfen, die tägliche Ernährung kalorienärmer zu gestalten. Lassen Sie sich aber nicht überlisten: Wo Fett eingespart wurde, kann umso mehr Zucker drinstecken. Achten Sie beim Einkauf deshalb immer auf die Zutatenliste und vergleichen Sie „Light"-Produkte mit ihren herkömmlichen „Verwandten".

Kräuteromelett mit Räucherlachs

Adipositas | Arthrose | Bluthochdruck | Colitis ulcerosa | Diabetes | Fettleber
Fettstoffwechselstörungen | Gicht | Multiple Sklerose | Reizdarm | Rheuma
Schuppenflechte | Untergewicht | Wechseljahre

Für 2 Personen
Zubereitungszeit: 15 Minuten

300 g Salatgurke
Salz
50 g Räucherlachs
1 Beet Gartenkresse
3 Eier
Pfeffer aus der Mühle
2 EL Mineralwasser
2 EL Kefir
2 EL gehackter Dill
2 EL Schnittlauchröllchen
2 EL Rapskernöl

Nährwerte pro Portion: 320 kcal, 18 g EW, 24 g F, 5 g KH, 2 g BST

+ Die Gurke waschen oder schälen und schräg in dünne Scheiben schneiden, auf Tellern flach auslegen und mit Salz bestreuen. Den Lachs in Würfel schneiden. Die Kresse vom Beet schneiden, waschen und trocken tupfen.

+ Die Eier mit Salz, Pfeffer, Mineralwasser und Kefir verquirlen und Dill und Schnittlauch unterrühren. Das Öl in einer Pfanne erhitzen, die Eiermasse hineingeben und darin bei schwacher Hitze zu einem Omelett stocken lassen. Mit Lachswürfeln und Kresse bestreuen und zusammenklappen, halbieren und auf den Gurkenscheiben anrichten.

Variante: Lust auf Abwechslung? Probieren Sie alternativ doch mal ein Omelett mit Tomaten und Schafskäse: Dazu für 2 Personen 1 Schalotte schälen und fein würfeln. 100 g Schafskäse zerbröckeln. 2 getrocknete Tomaten in Scheiben schneiden. 2 frische Tomaten waschen, halbieren und fein würfeln, dabei Kerne und Stielansätze entfernen. 3 Eier mit Salz, Pfeffer und 2 EL Mineralwasser verquirlen. Schalotte in einer Pfanne in 2 EL Rapskernöl hell dünsten, Eiermasse dazugießen, mit Käse und Tomaten bestreuen. Das Omelett bei schwacher Hitze stocken lassen, dann halbieren und anrichten.

Die Ernährungs-Docs

Das Omelett liefert reichlich Eiweiß aus Milchprodukten und Eiern und kommt in Begleitung von viel Gemüse daher – ideal für alle, die sich kohlenhydratarm (Low Carb) ernähren möchten. Die Rezeptvariante eignet sich – je nach Verträglichkeit von Tomaten – auch für Migräne-Betroffene.

Vollkornbrötchen mit Kräuter-Ei-Frischkäse

Adipositas | Arthrose | Bluthochdruck | Diabetes | Fettleber | Fettstoffwechselstörungen | Fruktose-Intoleranz | Gicht | Reflux | Rheuma | Schuppenflechte Wechseljahre

Für 2 Personen
Zubereitungszeit: 20 Minuten

2 Eier
30 g gemischte Kräuter (z. B. Basilikum, Garten- oder Shiso-Kresse, Petersilie, Schnittlauch)
200 g körniger Frischkäse (Halbfettstufe)
2 TL Zitronensaft
Salz, Pfeffer aus der Mühle
1 Mini-Gurke
2 Vollkornbrötchen (à ca. 60 g)

Nährwerte pro Portion: 330 kcal, 27 g EW, 10 g F, 30 g KH, 5 g BST

+ Die Eier – am besten bereits am Vortag – 8 Minuten hart kochen, kalt abschrecken und abkühlen lassen. Inzwischen die Kräuter waschen und trocken schütteln, die Blätter abzupfen und fein hacken, den Schnittlauch in feine Röllchen schneiden. Einige Kräuter zum Garnieren beiseitestellen. 1 Ei pellen, fein hacken und mit den gehackten Kräutern unter den Frischkäse mischen. Mit Zitronensaft, wenig Salz und Pfeffer würzen.

+ Die Gurke waschen und in dünne Scheiben schneiden. Das übrige Ei pellen und ebenfalls in Scheiben schneiden. Die Brötchen längs halbieren und alle Hälften mit dem Kräuter-Ei-Frischkäse bestreichen. Gurken- und Eierscheiben darauflegen, leicht mit Salz und Pfeffer würzen und mit den beiseitegestellten Kräutern garniert servieren.

Tipp: Beim Gemüse können Sie Ihrer Fantasie freien Lauf lassen. Statt Gurken schmecken – je nach individueller Verträglichkeit – auch Radieschen, Cocktailtomaten, Spitzpaprika oder Kohlrabi prima auf dem herzhaften Brötchen.

Die Ernährungs-Docs

Der saftige Frischkäse beziehungsweise Hüttenkäse macht sich besonders gut auf Eiweißbrot (siehe Seite 100). In seiner fettarmen Variante ist er besonders „schlank" und ideal für alle, die Fettkalorien sparen oder abnehmen möchten.

Pikante Kichererbsenstulle

Adipositas | Arthrose | Bluthochdruck | Diabetes | Fettleber | Fettstoffwechselstörungen | Gicht | Rheuma | Schuppenflechte | Wechseljahre

Für 2 Personen
Zubereitungszeit: 15 Minuten

100 g Kichererbsen (aus der Dose)
1 EL Zitronensaft
40 g Frischkäse (Halbfettstufe)
1/4 TL Paprikapulver (rosenscharf)
1/4 TL gemahlener Kreuzkümmel
Salz, Pfeffer aus der Mühle
1 rote Spitzpaprika (ca. 60 g)
2 Scheiben Vollkornbrot (à ca. 50 g)
Gartenkresse zum Garnieren

Nährwerte pro Portion: 200 kcal, 10 g EW, 2 g F, 30 g KH, 7 g BST

+ Die Kichererbsen in ein Sieb abgießen, kalt abbrausen und gut abtropfen lassen. Mit Zitronensaft und Frischkäse in einen hohen Rührbecher geben und mit dem Stabmixer fein pürieren. Die Kichererbsenpaste mit Paprikapulver, Kreuzkümmel, Salz und Pfeffer kräftig abschmecken.

+ Die Spitzpaprika am Strunk öffnen und entkernen, die Schoten waschen und in dünne Ringe schneiden. Die Brote nach Belieben diagonal halbieren und alle Hälften mit der Kichererbsencreme bestreichen. Die Paprikaringe darauf verteilen und leicht andrücken. Jeweils mit etwas Kresse garnieren.

Tipp: Die Kichererbsenstullen jeweils mit einer zweiten unbestrichenen Brotscheibe belegen. Die Sandwiches in eine Pergamentpapiertüte verpacken und als Pausensnack mit an den Arbeitsplatz nehmen. Es lohnt sich, von der Kichererbsencreme gleich die doppelte Menge zuzubereiten. In einem verschlossenen Glas oder Gefäß hält sie sich im Kühlschrank etwa 1 Woche.

Die Ernährungs-Docs

Bei so einem tollen Obendrauf lässt man sich doch gerne die Butter vom Brot nehmen! Kichererbsen sind reich an Eiweiß und Eisen und halten dank ihrer Ballaststoffe den Blutzuckerspiegel in Balance. Mit Vollkornbrot und frischem Gemüse eine unschlagbare Kombi, die lange satt macht.

KLEINE GERICHTE

Klein, aber oho! Diese Gerichte sind genau richtig, wenn der kleine Hunger kommt, und können auch mal eine große Mahlzeit ersetzen. Dabei präsentieren sich die Salate in Begleitung von reichlich buntem Gemüse sowie deftigem Käse, Fleisch oder Fisch. Die Suppen bestechen durch aromatische Gewürze und sahnige Konsistenz.

Bulgursalat mit Gurke und Tomate

Adipositas | Arthrose | Bluthochdruck | Colitis ulcerosa | Diabetes | Fettleber
Fettstoffwechselstörungen | Gicht | Migräne | Reflux | Rheuma | Wechseljahre

Für 2 Personen
Zubereitungszeit: 25 Minuten

Für die Vinaigrette:

1 TL Balsamico bianco
Salz, Pfeffer aus der Mühle
Zucker
gemahlener Kreuzkümmel
2 EL Rapskernöl

Außerdem:

100 g grober Bulgur
(aus Hartweizen)
200 ml Gemüsebrühe
125 g Salatgurke
1 Möhre
1 Fleischtomate
1/2 Bund Petersilie
4 Minzeblätter
Salz, Pfeffer aus der Mühle
frisch geriebene Muskatnuss

Nährwerte pro Portion: 340 kcal, 6 g EW, 15 g F, 41 g KH, 8 g BST

+ Für die Vinaigrette den Essig in einer Schüssel mit Salz, Pfeffer sowie jeweils 1 Prise Zucker und Kreuzkümmel verrühren. Anschließend das Öl unterschlagen.

+ Den Bulgur in einem Topf ohne Fett etwa 1 Minute rösten. Die Brühe dazugießen, alles aufkochen und zugedeckt bei schwacher Hitze 15 Minuten ausquellen lassen. Danach vom Herd nehmen und abkühlen lassen, dabei mehrmals durchrühren.

+ Inzwischen die Gurke waschen und in kleine Würfel schneiden. Die Möhre putzen, schälen und fein raspeln. Die Tomate waschen, halbieren und in kleine Würfel schneiden, dabei Kerne und Stielansatz entfernen. Die Petersilie und Minze waschen und trocken schütteln, die Petersilienblätter abzupfen und beide Kräuter fein hacken.

+ Den abgekühlten Bulgur in einer großen Schüssel mit Gemüse und Kräutern mischen und die Vinaigrette unterrühren. Zum Servieren den Salat mit Salz, Pfeffer und Muskatnuss würzen.

Die Ernährungs-Docs

Hier kommt eine ganz milde Vinaigrette mit nur wenig Essig an den Salat, um die Magenschleimhaut möglichst nicht zu reizen. Wer unter Migräne leidet und deshalb keine Tomaten verträgt, lässt sie im Bulgursalat einfach weg.

Avocado mit Tomatenfüllung

Adipositas | Arthrose | Bluthochdruck | Colitis ulcerosa | Diabetes | Fettleber
Fettstoffwechselstörungen | Gicht | Multiple Sklerose | Rheuma | Schuppenflechte
Untergewicht | Wechseljahre

Für 2 Personen
Zubereitungszeit: 10 Minuten

1 Avocado
Salz, Pfeffer aus der Mühle
1 Tomate
1 EL Pinienkerne
1 EL rote Zwiebelwürfel
einige Knoblauchwürfel
2 EL gehacktes Basilikum
2 EL Aceto balsamico
2 TL Parmesanspäne
einige Dillspitzen zum Garnieren

Nährwerte pro Portion: 260 kcal, 6 g EW, 20 g F, 10 g KH, 6 g BST

+ Die Avocado halbieren und den Kern entfernen. Die Avocadohälften mit Salz und Pfeffer würzen. Die Tomate waschen, halbieren und in kleine Würfel schneiden, dabei Kerne und Stielansatz entfernen.

+ Die Pinienkerne in einer beschichteten Pfanne ohne Fett leicht rösten. Herausnehmen und abkühlen lassen.

+ Die Tomate mit Zwiebel, Knoblauch und Basilikum mischen und in die Mulden der Avocadohälften verteilen. Den Essig darüberträufeln. Die gefüllten Avocadohälften mit Pinienkernen und Parmesan bestreuen und mit den Dillspitzen bestreut servieren.

Tipp: Für eine Avocado-Salsa einfach die geschälten Avocadohälften ebenfalls in kleine Würfel schneiden und mit den Zutaten für die Füllung mischen. Passt super zu Brot oder Ofenkartoffeln.

Die Ernährungs-Docs

Avocados sind kleine Kraftpakete – reich an vielen wichtigen Vitaminen wie beispielsweise Vitamin A, B_3, B_5, D und E. Außerdem liefern sie viel Energie und sorgen damit für starke Nerven sowie ein leistungsfähiges Gehirn. Die üppigen Kalorien sind bei Untergewicht gerade willkommen!

Sprossensalat mit Radieschen und Forelle

Adipositas | Arthrose | Bluthochdruck | Diabetes | Fettleber | Fettstoffwechselstörungen | Gicht | Multiple Sklerose | Rheuma | Schuppenflechte
Wechseljahre

Für 2 Personen
Zubereitungszeit: 20 Minuten

1 EL Zitronensaft
1 EL Balsamico bianco
½ TL flüssiger Honig
Salz, Pfeffer aus der Mühle
2 EL Rapskernöl
150 g gemischter Salat (z. B. Batavia, Pflücksalat oder Rucola)
8 Radieschen
2 Frühlingszwiebeln
60 g gemischte Sprossen (z. B. Alfalfa, Linsen, Radieschen; aus dem Kühlfach)
2 Räucherforellenfilets (ca. 160 g)

Nährwerte pro Portion: 230 kcal, 16 g EW, 14 g F, 7 g KH, 3 g BST

+ Für die Vinaigrette in einer Schüssel den Zitronensaft mit dem Essig und Honig verrühren und mit Salz und Pfeffer würzen. Anschließend das Öl unterschlagen.

+ Den Salat putzen, waschen und trocken schleudern, bei Bedarf in mundgerechte Stücke zupfen. Die Radieschen putzen, waschen und in dünne Scheiben schneiden. Die Frühlingszwiebeln putzen, waschen und die weißen und hellgrünen Teile in dünne Ringe schneiden. Die Sprossen in einem Sieb kurz abbrausen und gut abtropfen lassen.

+ Die vorbereiteten Salatzutaten in die Schüssel geben und mit der Vinaigrette mischen, dann auf große Teller verteilen. Die Forellenfilets von der Haut ablösen und auf dem Salat anrichten.

Tipp: Wer mag, kann die Forellenfilets auch leicht angewärmt servieren. Dazu die Fischstücke einfach auf eine ofenfeste Platte legen und im vorgeheizten Backofen bei 150 °C auf der mittleren Schiene 5 bis 10 Minuten erwärmen.

Die Ernährungs-Docs

Hier dürfen Sie mit gutem Gewissen genießen: wenige Kohlenhydrate (Low Carb), dafür reichlich sättigendes Fischeiweiß und Ballaststoffe dank Salat und Gemüse. Die Sprossen sind so etwas wie hoch konzentrierte kleine Mineralstoffpillen – besonders eine Mischung aus verschiedenen Keimlingen versorgt unseren Körper optimal mit Vitalstoffen.

Nizza-Salat mit Ei

Adipositas | Bluthochdruck | Diabetes | Fettleber | Fettstoffwechselstörungen | Gicht
Multiple Sklerose | Wechseljahre

Für 2 Personen
Zubereitungszeit: 35 Minuten

2 Eier
75 g grüne Bohnen
Salz
1/2 Kopf- oder Romanasalat
75 g Cocktailtomaten
1 kleine gelbe Paprikaschote
1/2 Salatgurke (ca. 200 g)
1 kleine rote Zwiebel
10 Basilikumblätter
6 schwarze Oliven
2–3 EL Weißweinessig
5 EL Gemüsebrühe
1/2 TL Dijon-Senf
Pfeffer aus der Mühle
4–5 EL Olivenöl

Nährwerte pro Portion: 380 kcal, 11 g EW, 32 g F, 10 g KH, 6 g BST

+ Die Eier 8 Minuten hart kochen, dann kalt abschrecken und abkühlen lassen. Inzwischen die Bohnen putzen, waschen und halbieren. In kochendem Salzwasser 6 bis 8 Minuten bissfest garen. In ein Sieb abgießen, kalt abschrecken und gut abtropfen lassen.

+ Den Salat putzen, waschen und trocken schleudern, dann in mundgerechte Stücke zupfen. Die Tomaten waschen und vierteln. Die Paprika längs vierteln und entkernen, waschen und die Viertel quer in feine Streifen schneiden. Gurke waschen und in dünne Scheiben schneiden oder hobeln. Zwiebel schälen und in dünne Ringe schneiden. Basilikum waschen, trocken tupfen und grob zupfen.

+ Eier pellen und vierteln. Salat mit Tomaten, Paprika, Gurke, Bohnen, Zwiebel und Eiern auf Teller verteilen, die Oliven daraufsetzen. Essig, Brühe, Senf, Salz, Pfeffer und Öl zu einer Vinaigrette verquirlen, das Basilikum unterheben. Zum Servieren die Vinaigrette über den Salat träufeln. Dazu schmeckt 1/2 Dinkelvollkornbrötchen pro Person.

Tipp: Knoblaucharoma gefällig? Dann reiben Sie die Teller mit einer halbierten Knoblauchzehe ab, bevor Sie den Salat darauf anrichten.

Die Ernährungs-Docs

Gesunde Mittelmeerküche: Die vegetarische Variante des beliebten Salatklassikers von der Côte d'Azur ist eine vollwertige kleine Mahlzeit. Olivenöl-Vinaigrette, frische Gemüse und Kräuter liefern Ballaststoffe, ungesättigte Fettsäuren und ein ganzes Heer an Antioxidantien, die freie Radikale unschädlich machen. Auch für Betroffene von Arthrose, Rheuma und Schuppenflechte ist der Salat geeignet, solange sie nicht zu viele weitere Eiergerichte genießen.

Grünkern-Nuss-Frikadellen mit Rohkost

Adipositas | Arthrose | Bluthochdruck | Diabetes | Fettleber | Fettstoffwechselstörungen | Fruktose-Intoleranz | Gicht | Migräne | Reflux | Rheuma
Schuppenflechte | Wechseljahre

Für 2 Personen
Zubereitungszeit: 35 Minuten

1 Schalotte
20 g Haselnusskerne
2 1/2 EL Rapskernöl
75 g Grünkernschrot
150 ml Gemüsebrühe
3 Stiele Petersilie
2 EL Magerquark
1 Eigelb
Salz, Pfeffer aus der Mühle
1/2 TL Paprikapulver (rosenscharf)
300 g buntes Gemüse (z. B. Cocktailtomaten, Möhren, Radieschen, Staudensellerie – je nach Verträglichkeit)

Nährwerte pro Portion: 380 kcal, 12 g EW, 22 g F, 31 g KH, 8 g BST

+ Die Schalotte schälen und in feine Würfel schneiden. Die Nüsse fein hacken. 1 EL Öl in einem kleinen Topf erhitzen, Schalotte, Nüsse und Grünkernschrot darin bei mittlerer Hitze unter gelegentlichem Rühren 2 bis 3 Minuten anbraten. Mit der Brühe aufgießen und den Grünkern zugedeckt 10 bis 15 Minuten ausquellen lassen.

+ Währenddessen die Petersilie waschen und trocken schütteln, die Blätter abzupfen und fein hacken. Den Grünkern-Mix vom Herd nehmen und abkühlen lassen, dann mit Quark, Petersilie und Eigelb gründlich mischen. Mit Salz, Pfeffer und Paprikapulver würzen.

+ Aus der Masse mit angefeuchteten Händen 6 kleine Frikadellen formen und in einer beschichteten Pfanne im übrigen Öl auf beiden Seiten 4 bis 5 Minuten goldbraun braten. Herausnehmen und auf einem Teller mit Küchenpapier kurz abtropfen lassen.

+ Inzwischen das Gemüse putzen und waschen beziehungsweise schälen und in größere Stücke oder Streifen schneiden. Die Gemüse-Sticks mit den lauwarmen Grünkernfrikadellen auf Tellern anrichten.

Die Ernährungs-Docs

So tanken Sie Energie in der Mittagspause auf! Gemüse ist unsere gesunde Ernährungsbasis: reich an Vitaminen und Pflanzenstoffen – hier ideal ergänzt durch eiweißreiche Nüsse mit viel gutem Öl. Das ergibt eine vollwertige Mahlzeit und macht satt!

Mango-Avocado-Salat

Adipositas | Bluthochdruck | Diabetes | Fettleber | Fettstoffwechselstörungen
Gicht | Untergewicht | Wechseljahre

Für 2 Personen
Zubereitungszeit: 15 Minuten

Für den Salat:
1/2 Mango (ohne Stein)
1 Avocado
1 TL Zitronensaft
150 g bunte Datteltomaten
100 g Rucola

Für das Dressing:
1 EL Zitronensaft
1 EL Orangensaft
1 TL mittelscharfer Senf
Salz, Pfeffer aus der Mühle
1 EL Rapskernöl

Nährwerte pro Portion: 270 kcal, 4 g EW, 21 g F, 13 g KH, 7 g BST

+ Für den Salat die Mango schälen und das Fruchtfleisch in Würfel oder Streifen schneiden. Die Avocado halbieren und den Kern entfernen. Die Avocadohälften schälen und das Fruchtfleisch ebenfalls in Würfel oder Streifen schneiden. Sofort mit dem Zitronensaft beträufeln, damit sich die Avocado nicht bräunlich verfärbt. Die Tomaten waschen und halbieren. Den Rucola verlesen, waschen und trocken schütteln, dabei grobe Stiele entfernen.

+ In einer Schüssel Mango, Avocado, Tomaten und Rucola vorsichtig mischen. Dann auf Tellern anrichten.

+ Für das Dressing Zitronen- und Orangensaft mit dem Senf verrühren und mit Salz und Pfeffer würzen. Danach das Öl unterschlagen. Das Dressing zum Servieren über den Salat geben. Der Salat schmeckt zu im Ofen gegartem Fisch.

Tipp: Avocados heißen nicht von ungefähr in der Umgangssprache „Butterbirnen" – sie enthalten etwa 200 Kilokalorien pro 100 Gramm.

Die Ernährungs-Docs

Nachsalzen nicht nötig! Gehen Sie nicht nur bei Bluthochdruck möglichst sparsam mit Salz um. Frische Kräuter und aromatische Gewürze sind gute Alternativen, nicht nur um Salate lecker würzig schmecken zu lassen.

Bunter Bohnensalat

Adipositas | Arthrose | Bluthochdruck | Diabetes | Fettleber | Fettstoffwechselstörungen | Rheuma | Schuppenflechte | Wechseljahre

Für 2 Personen
Zubereitungszeit: 20 Minuten

200 g grüne Bohnen
Salz
1 rote Zwiebel
1 rote Paprikaschote
1 kleine Dose Kidneybohnen
(120 g Abtropfgewicht)
1 kleine Dose weiße Bohnen
(120 g Abtropfgewicht)
2 EL Weißweinessig
2 EL saure Sahne
1/2 TL mittelscharfer Senf
1/2 TL Tomatenketchup
1/2 TL Meerrettich (aus dem Glas)
1 EL Rapskernöl
etwas gehackter Thymian
Pfeffer aus der Mühle

Nährwerte pro Portion: 210 kcal, 7 g EW, 11 g F, 15 g KH, 6 g BST

+ Die grünen Bohnen putzen, waschen und in kochendem Salzwasser 6 bis 8 Minuten bissfest garen. In ein Sieb abgießen, kalt abschrecken und gut abtropfen lassen. In eine große Schüssel geben.

+ Inzwischen die Zwiebel schälen und in dünne Ringe schneiden. Die Paprika längs halbieren und entkernen, waschen und in Würfel schneiden. Die Kidneybohnen und weißen Bohnen jeweils in ein Sieb abgießen, kalt abbrausen und gut abtropfen lassen. Dann Zwiebel, Paprika, Kidney- und weiße Bohnen zu den grünen Bohnen geben.

+ Für das Dressing Essig, saure Sahne, Senf, Tomatenketchup, Meerrettich, Öl und Thymian verrühren, mit Salz und Pfeffer würzen. Mit den Salatzutaten mischen und den Bohnensalat bis zum Servieren noch etwa 5 Minuten durchziehen lassen.

Tipp: Zu dem Bohnensalat schmecken Crostini sehr gut. Dazu 1 Dinkelvollkornbrötchen schräg in Scheiben schneiden, auf ein Backblech setzen und mit 2 EL Olivenöl beträufeln. Dann im auf 200 °C vorgeheizten Backofen 5 bis 7 Minuten rösten.

Die Ernährungs-Docs

Bohnen, Erbsen und Co. sind Mitglieder der Familie der Hülsenfrüchte und damit gesunde Eiweißlieferanten. Sie enthalten reichlich Ballaststoffe wie Pektine.

DAS
REZEPT

Puten-Spinat-Wraps

Adipositas | Arthrose | Bluthochdruck | Diabetes | Fettleber | Fettstoffwechselstörungen | Fruktose-Intoleranz | Gicht | Rheuma | Schuppenflechte | Wechseljahre

Für 2 Personen
Zubereitungszeit: 40 Minuten
Quellen: 30 Minuten

Für die Tortillas:
100 g Dinkelvollkornmehl
100 ml fettarme Milch (1,5 % Fett)
100 ml Mineralwasser
1/4 TL Salz, 1 Eigelb
Öl zum Braten

Für die Füllung:
80 g Ricotta
2 EL fettarmer Naturjoghurt (1,5 % Fett)
2 TL Zitronensaft
1/2 rote Chilischote
Salz, Pfeffer aus der Mühle
2 TL Pinienkerne
50 g Putenbrustaufschnitt (in dünnen Scheiben)
50 g Babyspinat
1 Frühlingszwiebel
8 Cocktailtomaten

Außerdem:
2 Holzspieße (nach Belieben)

Nährwerte pro Portion: 420 kcal, 23 g EW, 18 g F, 38 g KH, 6 g BST

+ Für die Tortillas das Mehl mit Milch, Mineralwasser, Salz und Eigelb in einer Schüssel glatt verrühren. Den Teig zugedeckt etwa 30 Minuten quellen lassen.

+ Inzwischen für die Füllung Ricotta mit Joghurt und Zitronensaft verrühren. Die Chilischote längs halbieren und entkernen, waschen und fein würfeln. Die Chilischote unter die Ricottacreme rühren, mit Salz und Pfeffer würzen. Die Pinienkerne in einer beschichteten Pfanne ohne Fett leicht rösten. Herausnehmen und abkühlen lassen.

+ Die Putenbrustscheiben in feine Streifen schneiden. Den Spinat verlesen, waschen und trocken schleudern, grobe Stiele entfernen. Die Frühlingszwiebel putzen, waschen und in dünne Ringe schneiden. Die Tomaten waschen und in dünne Scheiben schneiden.

+ Den Teig nochmals durchrühren. Eine große beschichtete Pfanne (28 cm Ø) dünn mit Öl einstreichen und erhitzen. Die Hälfte des Teigs in die Pfanne geben und durch Drehen der Pfanne gleichmäßig darin verteilen. Die Tortilla auf beiden Seiten etwa 2 Minuten backen, herausnehmen und warm halten. Den restlichen Teig auf die gleiche Weise zu einer zweiten Tortilla backen.

+ Die Tortillas auf der Arbeitsfläche ausbreiten und mit der Ricottacreme bestreichen, dabei einen Rand frei lassen. Putenbrust, Spinat, Frühlingszwiebel, Tomaten und Pinienkerne darauf verteilen. Tortillas so aufrollen, dass Tüten entstehen, und vorn nach Belieben mit Holzspießen fixieren. Die Spitze in Pergamentpapier oder Folie wickeln.

Tipp: Vegetarier belegen die Vitalstoff-Wraps einfach mit Käse statt mit Putenbrustaufschnitt – zum Beispiel mit dünnen Scheiben von (nach Belieben fettarmem) Edamer oder Emmentaler.

Gratinierter Ziegenkäse auf Feldsalat

Adipositas | Arthrose | Bluthochdruck | Diabetes | Fettleber | Fettstoffwechselstörungen | Gicht | Rheuma | Schuppenflechte | Wechseljahre

Für 2 Personen
Zubereitungszeit: 20 Minuten
Gratinieren: 4 Minuten

100 g Feldsalat
300 g Cocktailtomaten
1 kleiner Apfel
1–2 EL grob gehackte Haselnusskerne
1 kleine Zwiebel
1 TL mittelscharfer Senf
1 TL Reissirup
(aus Bioladen oder Reformhaus)
2 EL Weißweinessig
Salz, Pfeffer aus der Mühle
2 EL Rapskernöl
2 Ziegenfrischkäsetaler
(à ca. 40 g)

Nährwerte pro Portion: 270 kcal, 6 g EW, 18 g F, 16 g KH, 5 g BST

+ Den Backofengrill vorheizen. Ein Backblech mit Backpapier auslegen. Den Feldsalat verlesen und gründlich waschen, dabei die Wurzelansätze entfernen, anschließend trocken schleudern. Die Tomaten waschen und halbieren. Den Apfel waschen und vierteln, entkernen und in dünne Scheiben schneiden.

+ Die Haselnüsse in einer beschichteten Pfanne ohne Fett leicht rösten. Herausnehmen und abkühlen lassen.

+ Für die Vinaigrette die Zwiebel schälen und in feine Würfel schneiden. Die Zwiebelwürfel in einer Schüssel mit Senf, Reissirup, Essig, Salz und Pfeffer mischen und das Öl unterschlagen.

+ Die Käsetaler auf das Blech setzen und unter dem Backofengrill etwa 4 Minuten gratinieren. Feldsalat, Tomaten und Apfelscheiben mit der Vinaigrette mischen und auf Teller verteilen. Die Käsetaler darauf anrichten und mit Nüssen bestreuen.

Die Ernährungs-Docs

In den Wechseljahren gilt es, mit reichlich Ballaststoffen aus Salaten und Gemüse einem trägen Darm vorzubeugen. Milchprodukte sind dabei eine tolle Ergänzung – nicht nur für den Gaumen, sondern genauso für die Kalziumzufuhr und damit für stabile und gesunde Knochen bis ins hohe Alter.

Rindfleischsalat mit Avocado und Bohnen

Adipositas | Bluthochdruck | Diabetes | Fettleber | Fettstoffwechselstörungen
Multiple Sklerose | Wechseljahre

Für 2 Personen
Zubereitungszeit: 20 Minuten

Für das Dressing:
2 EL Zitronensaft
1 TL Senf
1 TL flüssiger Honig
1 EL Sojasauce
Pfeffer aus der Mühle
1 EL Lein- oder Rapskernöl

Außerdem:
300 g grüne Bohnen
Salz
120 g Kidneybohnen
(aus der Dose)
1/2 Avocado
etwas Zitronensaft
4 bunte Cocktailtomaten
Pfeffer aus der Mühle
250 g Roastbeefaufschnitt
(in dünnen Scheiben)

Nährwerte pro Portion: 410 kcal, 45 g EW, 17 g F, 15 g KH, 6 g BST

+ Für das Dressing Zitronensaft, Senf, Honig und Sojasauce gut verrühren und mit Pfeffer würzen. Anschließend das Öl unterschlagen.

+ Die grünen Bohnen putzen, waschen und in kochendem Salzwasser 6 bis 8 Minuten bissfest garen. In ein Sieb abgießen, kalt abschrecken und gut abtropfen lassen. Inzwischen die Kidney-Bohnen in ein Sieb abgießen, kalt abbrausen und gut abtropfen lassen.

+ Falls nötig, den Kern der Avocadohälfte noch entfernen. Die Avocadohälfte schälen, das Fruchtfleisch in Scheiben schneiden und mit etwas Zitronensaft beträufeln, damit es sich nicht bräunlich verfärbt. Die Tomaten waschen und halbieren.

+ Die Tomaten und beide Bohnensorten in einer Schüssel mit dem Dressing mischen. Die Avocadoscheiben locker unterheben und den Salat nochmals mit Salz und Pfeffer würzen. Die Roastbeefscheiben jeweils zu Röllchen aufrollen und zum Salat servieren.

Tipp: Greifen Sie beim Einkauf zu einer Avocado mit dem Label „Ready to eat". Sie ist garantiert reif, und der Kern lässt sich leicht mit einem kleinen Messer oder speziellen Avocadolöffel herauslösen.

Die Ernährungs-Docs

Der herzhafte Salat gibt Kraft und macht lange satt! Denn er kombiniert hochwertiges pflanzliches und tierisches Eiweiß. Außerdem liefern uns Fleisch und Hülsenfrüchte richtig viel Eisen – durch die Zitrone im Dressing können wir es optimal resorbieren.

Möhren-Ingwer-Süppchen mit Limettensahne

Adipositas | Bluthochdruck | Diabetes | Fettleber | Fettstoffwechselstörungen | Gicht

Für 2 Personen
Zubereitungszeit: 40 Minuten

250 g Möhren
1 kleine Zwiebel
1 Stück Ingwer (ca. 4 cm)
1 EL Butter
Salz, Pfeffer aus der Mühle
Zucker
400 ml Gemüsebrühe
1/2 unbehandelte Limette
80 g Sahne
einige Kräuterblätter zum Garnieren (nach Belieben)

Nährwerte pro Portion: 310 kcal, 4 g EW, 23 g F, 19 g KH, 6 g BST

+ Die Möhren putzen, schälen und in dünne Scheiben schneiden. Zwiebel und Ingwer schälen und getrennt in feine Würfel schneiden. Butter in einem Topf zerlassen, Zwiebel darin andünsten. Möhren und Ingwer dazugeben und unter Rühren 2 Minuten mitdünsten. Alles mit Salz, Pfeffer und 1 Prise Zucker würzen, dann die Brühe dazugießen. Gemüse zugedeckt bei schwacher Hitze 15 bis 20 Minuten garen.

+ Inzwischen die Limette heiß waschen und trocken reiben, die Schale fein abreiben und den Saft auspressen. Die Sahne steif schlagen und die Limettenschale unterrühren.

+ Sobald die Möhren weich sind, den Limettensaft dazugießen und alles nochmals mit Salz, Pfeffer und Zucker abschmecken. Die Hälfte der Limettensahne hinzufügen und die Suppe mit dem Stabmixer schaumig pürieren. Auf Teller verteilen, die übrige Limettensahne daraufsetzen und die Suppe nach Belieben mit Kräutern garnieren.

Tipp: Wer mag, kocht und püriert noch 1/2 geschälte Knoblauchzehe in der Suppe mit. Sie harmoniert geschmacklich sehr gut mit Ingwer.

Die Ernährungs-Docs

Ingwer ist nicht nur geschmacklich eine Bereicherung. Auch medizinisch hat die hellgelbe Wurzel einiges drauf: Die enthaltenen Scharfstoffe helfen, die Abwehrkräfte zu stärken und beispielsweise Grippeviren in die Flucht zu schlagen. Bekannt ist Ingwer außerdem als Mittel gegen Erbrechen – etwa bei Reiseübelkeit oder auch im Rahmen einer Chemotherapie.

Tomatencremesuppe mit Kräutertofu

Adipositas | Diabetes | Fettleber | Fettstoffwechselstörungen | Gicht
Multiple Sklerose

Für 2 Personen
Zubereitungszeit: 40 Minuten

2 Möhren
2 Schalotten
1 Knoblauchzehe
600 g Tomaten
3 EL Rapskern- oder Olivenöl
400 ml Gemüsebrühe
Salz, Pfeffer aus der Mühle
Zucker
200 g Tofu
je 1/4 TL getrockneter Majoran, Rosmarin und Thymian
2 EL Kräuterschmand oder Sahne

Nährwerte pro Portion: 480 kcal, 21 g EW, 33 g F, 19 g KH, 9 g BST

+ Die Möhren putzen, schälen und in kleine Würfel schneiden. Die Schalotten und den Knoblauch schälen und in feine Würfel schneiden. Die Tomaten waschen und kreuzweise einritzen, überbrühen und kalt abschrecken. Dann häuten, achteln und entkernen. (Alternativ stückige Tomaten aus der Dose verwenden.)

+ In einem Topf 1 EL Öl erhitzen und Möhren, Schalotten und Knoblauch darin andünsten. Tomaten und Brühe hinzufügen und alles mit Salz, Pfeffer und 1 Prise Zucker würzen. Die Suppe zugedeckt bei schwacher Hitze 20 bis 30 Minuten köcheln lassen.

+ Inzwischen den Tofu in kleine Würfel schneiden. Mit dem restlichen Öl und den getrockneten Kräutern gut mischen, dann in einer beschichteten Pfanne ohne weiteres Fett goldgelb braten. Herausnehmen und beiseitestellen.

+ Den Kräuterschmand oder die Sahne in die Tomatensuppe geben und alles mit dem Stabmixer fein pürieren. Die Suppe in tiefe Teller verteilen und die Tofuwürfel zum Servieren daraufsetzen.

Die Ernährungs-Docs

Es hat sich inzwischen herumgesprochen, dass Tomaten – und auch Produkte daraus wie Tomatenmark – gesund sind. Der Grund dafür ist Lykopin, ein antioxidatives Carotinoid, das nicht nur das Herz-Kreislauf-System schützt.

Orientalische Kichererbsensuppe

Adipositas | Bluthochdruck | Diabetes | Fettleber | Fettstoffwechselstörungen
Wechseljahre

Für 2 Personen
Zubereitungszeit: 25 Minuten

2 Zwiebeln (ca. 150 g)
2 kleine Zucchini (ca. 300 g)
2 Knoblauchzehen
150 g Kichererbsen (aus der Dose)
1 EL Rapskernöl
1 TL gemahlener Kreuzkümmel
600 ml Gemüsebrühe
gemahlene Kurkuma
200 g fettarmer Naturjoghurt (1,5 % Fett)
Saft von 1 Zitrone
1 sehr frisches Ei
5 Stiele Minze

Nährwerte pro Portion: 370 kcal, 17 g EW, 19 g F, 28 g KH, 7 g BST

+ Die Zwiebeln schälen und in Ringe schneiden. Die Zucchini putzen, waschen und quer in ½ cm dicke Scheiben schneiden. Den Knoblauch schälen und in feine Würfel schneiden. Die Kichererbsen in ein Sieb abgießen, kalt abbrausen und gut abtropfen lassen.

+ Das Öl in einem Topf erhitzen und Zwiebeln, Knoblauch und Kreuzkümmel darin andünsten. Die Brühe dazugießen, Zucchini und Kichererbsen dazugeben und alles mit 1 bis 2 Prisen Kurkuma würzen. Die Kichererbsensuppe einmal aufkochen, dann zugedeckt bei schwacher Hitze etwa 10 Minuten garen.

+ Inzwischen den Joghurt mit Zitronensaft und Ei in einer Schüssel gründlich verrühren. Die Minze waschen, trocken schütteln und die Blätter abzupfen.

+ Die Kichererbsensuppe vom Herd nehmen und die Joghurtmischung langsam unterrühren, die Suppe soll dabei nicht mehr zu heiß sein. Die Suppe nochmals abschmecken, in tiefe Teller verteilen und mit Minze bestreut servieren.

Die Ernährungs-Docs

Fettarme Milchprodukte wie der Joghurt in der Veggie-Suppe sind supergesund für Frauen in den Wechseljahren – denn sie liefern reichlich Kalzium und helfen damit im Kampf gegen den natürlichen Alterungs- und Abbauprozess unseres Knochengerüsts. Ideal kombiniert: Das Vitamin C in der Zitrone erleichtert dem Stoffwechsel die Kalziumaufnahme.

Kürbissuppe mit Ingwer

Adipositas | Arthrose | Bluthochdruck | Diabetes | Fettleber | Fettstoffwechselstörungen | Gicht | Migräne | Rheuma | Schuppenflechte | Untergewicht Wechseljahre

Für 2 Personen
Zubereitungszeit: 35 Minuten

350 g Hokkaido-Kürbisfleisch
1 Zwiebel
2 Knoblauchzehen
1 Stück Ingwer (ca. 2 cm)
$1/2$ TL gekörnte Gemüsebrühe
1 EL Rapskern- oder Sesamöl
Currypulver
(Menge nach Geschmack)
1–2 EL saure Sahne
Pfeffer aus der Mühle

Nährwerte pro Portion: 220 kcal, 4 g EW, 14 g F, 14 g KH, 6 g BST

+ Den Hokkaido-Kürbis waschen, halbieren und Kerne und Fasern mit einem Löffel entfernen. Das Kürbisfleisch mit der Schale in Würfel schneiden. Zwiebel und Knoblauch schälen, die Zwiebel in grobe, den Knoblauch in feine Würfel schneiden. Den Ingwer schälen und fein hacken. Die Brühe mit 600 ml kochendem Wasser verrühren.

+ Das Öl in einem großen Topf erhitzen und die Zwiebel darin andünsten. Knoblauch und Ingwer dazugeben und kurz mitdünsten. Mit Currypulver nach Geschmack bestäuben und kurz verrühren. Dann die Kürbiswürfel hinzufügen und unter Rühren rundum anbräunen. Mit der Brühe ablöschen und alles zugedeckt bei schwacher Hitze 15 bis 20 Minuten köcheln lassen, bis der Kürbis vollständig zerfällt. Dabei ab und zu umrühren.

+ Danach die saure Sahne und 100 ml Wasser unterrühren. Alles mit dem Stabmixer fein pürieren und nochmals kurz aufkochen. Zum Servieren die Suppe mit Pfeffer würzen und in tiefe Teller verteilen.

Tipp: Scharf-würziges Topping gefällig? Dann streuen Sie zum Servieren doch ein wenig Garten- oder dunkle Shiso-Kresse über die Suppe.

Die Ernährungs-Docs

Köstlich im Herbst: Die Aromen von Ingwer, Curry und Pfeffer wärmen von innen. Und sie liefern – zusammen mit Zwiebel und Knoblauch – reichlich entzündungshemmende Stoffe: Das stählt die Abwehrkräfte! Wer die saure Sahne durch Sojasahne ersetzt, erhält eine leckere vegane Suppe.

Champignon-Lauch-Suppe

Adipositas | Arthrose | Bluthochdruck | Diabetes | Fettleber | Fettstoffwechselstörungen | Fruktose-Intoleranz | Multiple Sklerose | Rheuma | Schuppenflechte Untergewicht | Wechseljahre

Für 2 Personen
Zubereitungszeit: 35 Minuten

1 dünne Stange Lauch (ca. 150 g)
150 g kleine Champignons
1 Schalotte
1 Knoblauchzehe
1 1/2 EL Rapskernöl
1 TL getrockneter Thymian
5 EL trockener Weißwein
400 ml Gemüsebrühe
Salz, Pfeffer aus der Mühle
60 g Frischkäse (Halbfettstufe)
1–2 TL Zitronensaft
1 EL Schnittlauchröllchen

Nährwerte pro Portion: 210 kcal, 9 g EW, 14 g F, 6 g KH, 4 g BST

+ Den Lauch putzen und längs halbieren, waschen und in feine Halbringe schneiden. Die Pilze putzen, falls nötig, trocken abreiben und in dünne Scheiben schneiden. Schalotte und Knoblauch schälen und in feine Würfel schneiden.

+ In einem Topf 1 EL Öl erhitzen und Schalotte, Knoblauch, Lauch und zwei Drittel der Pilze darin unter Rühren etwa 2 Minuten andünsten. Den Thymian hinzufügen, alles mit dem Wein ablöschen und vollständig einkochen lassen. Die Brühe dazugießen, alles aufkochen und zugedeckt bei schwacher Hitze etwa 10 Minuten köcheln lassen.

+ Inzwischen das restliche Öl in einer beschichteten Pfanne erhitzen und übrige Pilze darin rundum anbraten, mit Salz und Pfeffer würzen.

+ Den Frischkäse zur Suppe geben und alles mit dem Stabmixer fein pürieren. Mit Salz, Pfeffer und Zitronensaft abschmecken. In tiefe Teller verteilen, mit gebratenen Pilzen und Schnittlauch bestreuen.

Die Ernährungs-Docs

Eine tolle Wintersuppe! Die Champignons enthalten besonders viel Vitamin D, das uns oft fehlt, wenn die Sonneneinstrahlung nicht ausreicht. Frischkäse liefert dazu viel Kalzium, das zusammen mit Vitamin D und Zitronensaft besonders leicht verstoffwechselt wird. Das macht unsere Knochen fit und stark. Pilze sind darüber hinaus gute pflanzliche Eiweißlieferanten.

DAS SUPER REZEPT

Brokkolicremesuppe mit Petersilienöl

Adipositas | Arthrose | Bluthochdruck | Diabetes | Fettleber | Fettstoffwechselstörungen | Fruktose-Intoleranz | Gicht | Migräne | Multiple Sklerose | Neurodermitis Reflux | Rheuma | Schuppenflechte | Untergewicht | Wechseljahre

Für 2 Personen
Zubereitungszeit: 40 Minuten

300 g Brokkoli
(ersatzweise Blumenkohl, Romanesco oder Kohlrabi; im Winter Rosenkohl oder Grünkohl)
100 g mehligkochende Kartoffeln
1 Schalotte
1 Knoblauchzehe
1 TL Butter
400 ml Gemüsebrühe
75 g Kochsahne (15% Fett)
1 EL grob gehackte Mandeln oder Mandelblättchen
1/2 Bund Petersilie
1 1/2 EL Rapskernöl
Salz, Pfeffer aus der Mühle
1/2 TL abgeriebene unbehandelte Zitronenschale

Nährwerte pro Portion: 310 kcal, 11 g EW, 21 g F, 16 g KH, 8 g BST

+ Den Brokkoli putzen, waschen und in Röschen zerteilen, den Strunk schälen und klein schneiden. Die Kartoffeln schälen, waschen und in Würfel schneiden. Schalotte und Knoblauch schälen und in feine Würfel schneiden.

+ Die Butter in einem Topf zerlassen und die Schalotte darin andünsten. Brokkoli, Kartoffeln und Knoblauch dazugeben und 2 bis 3 Minuten mitdünsten. Mit Brühe und Kochsahne aufgießen, alles aufkochen und zugedeckt bei schwacher Hitze 15 Minuten köcheln.

+ Inzwischen die Mandeln in einer beschichteten Pfanne ohne Fett leicht rösten. Herausnehmen und abkühlen lassen. Die Petersilie waschen und trocken schütteln, die Blätter abzupfen und fein hacken. Die Petersilie mit Öl mischen und leicht mit Salz würzen.

+ Die Suppe mit dem Stabmixer fein pürieren und mit Salz, Pfeffer und Zitronenschale abschmecken. In tiefen Tellern oder Schalen anrichten. Mit Petersilienöl beträufeln und mit Mandeln bestreuen.

Die Ernährungs-Docs

Grüne Wunderwaffe! Brokkoli strotzt vor sekundären Pflanzenstoffen, die Krebs vorbeugen, und liefert viel abwehrstärkendes Vitamin C sowie eine ordentliche Portion Kalzium.

DAS SUPER
REZEPT

Kokos-Garnelen-Suppe

Adipositas | Arthrose | Diabetes | Fettleber | Fettstoffwechselstörungen
Multiple Sklerose | Rheuma | Schuppenflechte | Untergewicht | Wechseljahre

Für 2 Personen
Zubereitungszeit: 25 Minuten
Ziehen: 15 Minuten

1 Stück Ingwer (ca. 3 cm)
2 Knoblauchzehen
1 Stange Zitronengras
4 Frühlingszwiebeln
1 EL Rapskernöl
200 ml Kokosmilch (aus der Dose)
1/2 TL rote Thai-Currypaste
1 Dose passierte Tomaten (ca. 200 g)
400 ml Gemüsebrühe
150 g rohe, geschälte Garnelen (küchenfertig)
1 EL Kokosfett
Saft von 1/2 Limette
Palmzucker

Nährwerte pro Portion: 290 kcal, 16 g EW, 18 g F, 13 g KH, 4 g BST

+ Ingwer und Knoblauch schälen und in feine Würfel schneiden. Vom Zitronengras die welken Außenblätter und die obere, trockene Hälfte entfernen, die untere Hälfte waschen und fein hacken beziehungsweise der Länge nach halbieren. Die Frühlingszwiebeln putzen, waschen und in dünne Ringe schneiden.

+ Das Öl in einer Pfanne erhitzen und Ingwer, Knoblauch, Zitronengras und Frühlingszwiebeln darin kurz andünsten. Dann Kokosmilch, Currypaste und die passierten Tomaten hinzufügen. Alles aufkochen, die Brühe dazugießen und die Suppe zugedeckt bei schwacher Hitze etwa 5 Minuten köcheln lassen.

+ Inzwischen die Garnelen waschen und trocken tupfen. Das Kokosfett in einer Pfanne erhitzen und die Garnelen darin rundum 2 bis 3 Minuten scharf anbraten. Herausnehmen und beiseitestellen.

+ Falls nötig, das Zitronengras aus der Suppe entfernen. Die Suppe mit dem Stabmixer fein pürieren und mit Limettensaft und 1 Prise Palmzucker abschmecken. Die Garnelen in die Suppe geben und alles auf der Nachwärme der Herdplatte noch etwa 15 Minuten ziehen lassen. Anschließend in Schalen oder tiefen Tellern servieren.

Die Ernährungs-Docs

In der Asia-Küche kommen traditionell wenige Milchprodukte auf den Teller – zum Beispiel wird hier Kokosmilch statt Sahne verwendet. Kokosmilch ist zwar sehr cholesterinarm, enthält aber kein ideales Fettsäuremuster. Am besten benutzen Sie daher die fettarme Variante, die es inzwischen zu kaufen gibt.

HAUPTGERICHTE

Lassen Sie sich von unseren Ideen für vegetarische und vegane Mahlzeiten verführen – seien es gefüllte Gemüse und kernige Bratlinge, sahnige Quiche oder zur Abwechslung eine Low-Carb-Pizza mit Blumenkohlteig. Nicht fehlen dürfen hier natürlich leckere Sattmacher mit Geflügel & Fleisch, Fisch & Meeresfrüchten.

Paprikaschoten mit Linsen gefüllt

Adipositas | Bluthochdruck | Diabetes | Fettleber | Fettstoffwechselstörungen Gicht | Wechseljahre

Für 4 Personen
Zubereitungszeit: 15 Minuten
Garen: 30 Minuten

1 Dose grüne Linsen oder Puy-Linsen (530 g Abtropfgewicht)
3 Knoblauchzehen
30 g getrocknete Tomaten (in Öl)
Salz, Pfeffer aus der Mühle
4 große grüne Paprikaschoten
1 l passierte Tomaten (aus Dose oder Glas)
1–2 getrocknete Chilischoten
2 EL gehackte Petersilie

Nährwerte pro Portion: 280 kcal, 18 g EW, 2 g F, 39 g KH, 13 g BST

+ Die Linsen in ein Sieb abgießen und kalt abbrausen, gut abtropfen lassen und in eine Schüssel geben. Den Knoblauch schälen und dazupressen. Die Tomaten abtropfen lassen, in dünne Streifen schneiden und unter die Linsen rühren. Mit Salz und Pfeffer würzen.

+ Die Paprikaschoten waschen und jeweils einen Deckel abschneiden, dann innen entkernen und waschen. Die Paprikaschoten mit der Linsenmischung füllen und aufrecht in einen Topf stellen, in dem sie nebeneinander Platz haben und nicht umfallen können.

+ Die passierten Tomaten dazugießen, dabei darauf achten, dass die Paprika davon nicht vollständig bedeckt sind (sonst läuft die Sauce ins Innere der Schoten). Die Chilis im Ganzen dazugeben und alles leicht mit Salz würzen. Die Paprika einmal aufkochen, dann zugedeckt bei schwacher Hitze 30 Minuten köcheln lassen.

+ Die gefüllten Paprikaschoten mit der Tomatensauce auf Tellern anrichten – dabei nach Belieben die Chilischoten entfernen – und mit Petersilie bestreut servieren.

Tipp: Dieses Gericht eignet sich perfekt, um es auf Vorrat zu kochen. Die gefüllten Paprikaschoten lassen sich sehr gut einfrieren und schmecken auch nach dem Auftauen köstlich.

Die Ernährungs-Docs

Ideal bei Diabetes und deshalb am besten jeden Tag auf dem Teller: hochwertige Eiweißlieferanten wie zum Beispiel Hülsenfrüchte. Sie sättigen lang anhaltend und verhindern damit lästige Heißhungerattacken.

DAS SUPER
REZEPT

Schnelle Soja-Bolognese mit Vollkorn-Spaghetti

Bluthochdruck | Diabetes | Fettleber | Fettstoffwechselstörungen | Gicht
Wechseljahre

Für 2 Personen
Zubereitungszeit: 45 Minuten

150 g Soja-Granulat
450 ml Gemüsebrühe
1/2 rote Zwiebel
1/2 Knoblauchzehe
1/2 rote Paprikaschote
1 Möhre
1 EL Olivenöl
1 TL Tomatenmark
1 Dose geschälte Tomaten (ca. 400 g)
1/2 Lorbeerblatt
Salz, Pfeffer aus der Mühle
1 EL Sahne
200 g Vollkorn-Spaghetti

Nährwerte pro Portion: 740 kcal, 54 g EW, 17 g F, 75 g KH, 34 g BST

+ Das Soja-Granulat mit der Brühe in einem Topf aufkochen, vom Herd nehmen und 10 Minuten quellen lassen. Inzwischen Zwiebel und Knoblauch schälen und in feine Würfel schneiden. Die Paprika entkernen, waschen und ebenfalls in kleine Würfel schneiden. Die Möhre putzen, schälen und fein raspeln.

+ Das Öl in einer Pfanne erhitzen und Zwiebel und Knoblauch darin andünsten. Dann Paprikawürfel sowie Tomatenmark hinzufügen. Eingeweichtes Soja-Granulat, Dosentomaten samt Saft, Möhrenraspel und Lorbeerblatt dazugeben und ebenfalls untermischen. Die Sauce mit Salz und Pfeffer würzen und etwa 20 Minuten köcheln lassen. Danach das Lorbeerblatt entfernen und die Sahne unterrühren.

+ Währenddessen die Vollkorn-Spaghetti in reichlich kochendem Salzwasser nach Packungsanweisung bissfest garen. In ein Sieb abgießen und gut abtropfen lassen. Die Spaghetti in tiefe Teller verteilen und die Soja-Bolognese daraufgeben.

Tipp: Für den scharf-würzigen Gaumenkitzel: Wer mag, streut noch etwas Garten- oder dunkle Shiso-Kresse über die Pasta.

Die Ernährungs-Docs

Soja-Granulat besteht aus dem Eiweiß der Sojabohnen, das getrocknet und entfettet wird. Damit erhält es seine fleischähnliche Faserstruktur, schmeckt jedoch relativ neutral. Für Vegetarier gehört die Soja-Bolognese zu den Klassikern! Wer Weizen nicht so gut verträgt, nimmt Pasta aus Dinkel, Hirse oder Mais.

Kohlrabi-Lasagne

Adipositas | Arthrose | Diabetes | Fettleber | Fettstoffwechselstörungen | Gicht
Rheuma | Schuppenflechte | Wechseljahre

Für 4 Personen
Zubereitungszeit: 35 Minuten
Backen: 30 Minuten

4 Kohlrabi
Salz
2 Zwiebeln
1 Knoblauchzehe
1 TL Rapskernöl
400 g mageres Rinderhackfleisch
500 g passierte Tomaten
(aus Dose oder Glas)
Pfeffer aus der Mühle
2 TL getrockneter Majoran
150 ml fettarme Milch
(1,5 % Fett)
1 Ei
400 g Frischkäse (Halbfettstufe)
frisch geriebene Muskatnuss

Nährwerte pro Portion: 460 kcal, 42 g EW, 23 g F, 19 g KH, 5 g BST

+ Die Kohlrabi putzen, schälen und in 2 bis 3 mm dünne Scheiben schneiden – das geht am besten mit einer Aufschnittmaschine. In Salzwasser 5 bis 7 Minuten garen, abgießen und abkühlen lassen.

+ Inzwischen die Zwiebeln und den Knoblauch schälen und in feine Würfel schneiden. Das Öl in einem Topf erhitzen und das Hackfleisch darin unter Rühren krümelig anbraten. Zwiebeln und Knoblauch dazugeben und kurz mitbraten. Die passierten Tomaten hinzufügen und alles etwa 20 Minuten köcheln lassen. Dann die Bolognese mit Salz, Pfeffer und Majoran würzen.

+ Währenddessen den Backofen auf 200 °C (Umluft) vorheizen. Die Milch mit Ei und 200 g Frischkäse in einer Schüssel glatt verrühren und mit Salz, Pfeffer und Muskatnuss würzen. Den übrigen Frischkäse unter die Bolognese rühren.

+ Die Kohlrabischeiben abwechselnd mit der Bolognese in eine Auflaufform schichten. Zum Schluss die Lasagne mit der Eiermilch übergießen und im Ofen auf der mittleren Schiene 30 Minuten backen. Herausnehmen und vor dem Servieren kurz abkühlen lassen.

Tipp: Die Kohlrabi-Lasagne eignet sich auch für Arthrose-Geplagte – dann das Rinderhack durch mageres Geflügelhackfleisch ersetzen.

Die Ernährungs-Docs

Der Italo-Klassiker in der Low-Carb-Variante: Hier werden Kohlrabischeiben statt Pasta-Platten mit Bolognese und Käse eingeschichtet! Damit landen weniger Kalorien auf dem Teller, aber genauso viel Geschmack!

DAS SUPER REZEPT

Linsenbratlinge mit Joghurtdip

Adipositas | Arthrose | Bluthochdruck | Diabetes | Fettleber | Fettstoffwechselstörungen | Neurodermitis | Rheuma | Schuppenflechte | Wechseljahre

Für 2 Personen
Zubereitungszeit: 55 Minuten

Für die Bratlinge:
100 g getrocknete braune oder grüne Linsen
1/2 TL getrockneter Thymian
1/2 Lorbeerblatt
40 g Zwiebeln
1 Knoblauchzehe
1/2 rote Chilischote
100 g Möhren
1/2 Dinkelbrötchen vom Vortag
1/2 Bund Petersilie
1 EL Rapskernöl
2 EL helle Sesamsamen
1 Eigelb
1 EL Dinkelmehl (Type 630)
Salz, gemahlener Koriander und Kreuzkümmel
frisch geriebene Muskatnuss
Cayennepfeffer
2 EL Öl zum Braten

Für den Dip:
30 g Frühlingszwiebeln
150 g Naturjoghurt
1 TL Lein- oder Rapskernöl
Salz, Pfeffer aus der Mühle

Nährwerte pro Portion: 560 kcal, 21 g EW, 32 g F, 41 g KH, 13 g BST

+ Für die Bratlinge die Linsen in einem Sieb waschen und abtropfen lassen. Mit 1/4 l Wasser, Thymian und Lorbeerblatt in einem Topf zugedeckt bei schwacher Hitze etwa 40 Minuten weich kochen.

+ Inzwischen für den Dip die Frühlingszwiebeln putzen, waschen und in dünne Ringe schneiden. Mit Joghurt und Öl mischen, mit Salz und Pfeffer würzen. Für die Bratlinge Zwiebeln und Knoblauch schälen und in feine Würfel schneiden. Die Chilischote längs halbieren und entkernen, waschen und hacken. Die Möhren putzen, schälen und raspeln. Das Brötchen in warmem Wasser einweichen. Die Petersilie waschen und trocken schütteln, die Blätter abzupfen und hacken.

+ Das Öl in einer Pfanne erhitzen und Zwiebeln, Knoblauch und Chili darin etwa 5 Minuten andünsten, dann vom Herd nehmen. Die Linsen bei Bedarf abgießen, das Lorbeerblatt entfernen. Das Brötchen gut ausdrücken und mit Linsen, Möhren, Petersilie, Zwiebel-Knoblauch-Mischung, Sesam, Eigelb und Mehl verkneten. Mit Salz, Koriander, Kreuzkümmel, Muskatnuss und Cayennepfeffer würzen.

+ Aus der Masse mit angefeuchteten Händen 8 bis 10 Bratlinge formen. Jeweils etwas Öl in einer beschichteten Pfanne erhitzen und die Bratlinge darin bei mittlerer Hitze auf beiden Seiten je 3 bis 4 Minuten knusprig braten. Herausnehmen und mit dem Dip servieren.

Die Ernährungs-Docs

Gemüse und Hülsenfrüchte sind Trumpf! Täglich sollten es 3 Handvoll sein – egal, ob roh, gedünstet oder als Smoothie. Die wertvollen Pflanzenstoffe hemmen entzündliche Prozesse im Körper. Leinöl im Dip verstärkt den entzündungshemmenden Effekt noch.

Gefüllte Grilltomaten

Adipositas | Arthrose | Bluthochdruck | Diabetes | Fettleber | Fettstoffwechselstörungen | Fruktose-Intoleranz | Gicht | Multiple Sklerose | Reflux | Reizdarm Rheuma | Schuppenflechte | Untergewicht | Wechseljahre

Für 2 Personen
Zubereitungszeit: 10 Minuten
Grillen: 10 Minuten

4 große Fleischtomaten
1 Zweig Thymian
1 Zweig Rosmarin
200 g Schafskäse (Feta)
2 EL Olivenöl
grobes Meersalz
Pfeffer aus der Mühle
Öl für die Folie

Nährwerte pro Portion: 500 kcal, 18 g EW, 43 g F, 8 g KH, 4 g BST

+ Den Backofengrill oder den Holzkohlegrill vorheizen. Die Tomaten waschen und jeweils oben einen Deckel abschneiden. Das Innere der Tomaten mit einem Löffel entfernen und die Tomaten umgedreht auf Küchenpapier abtropfen lassen. Die Kräuter waschen und trocken schütteln, Blätter beziehungsweise Nadeln abzupfen und fein hacken.

+ Den Schafskäse zerbröseln, mit Öl und Kräutern mischen und mit Salz und Pfeffer würzen. Die Käse-Kräuter-Mischung in die Fleischtomaten verteilen und jeweils den Deckel aufsetzen.

+ Vier Stück Alufolie mit Öl bestreichen und die gefüllten Tomaten jeweils darin einwickeln. Unter dem Backofengrill oder auf dem Holzkohlegrill bei starker direkter Hitze etwa 10 Minuten grillen. Die Tomaten aus dem Ofen oder vom Grill nehmen und vor dem Servieren kurz abkühlen lassen.

Tipp: Leckere Begleitung: Nach Belieben können Sie die Grilltomaten noch mit leicht gerösteten Pinienkernen (ohne Fett) bestreuen.

Die Ernährungs-Docs

Low Carb, High Fat lautet hier die Devise. Dabei muss man keine Angst vor Milchfett haben: In Studien ist längst bewiesen, dass Milch und Co. die Arterienverkalkung nicht fördern und auch nicht zu krankhaftem Übergewicht führen. Das gilt ebenso für Butter – natürlich bitte trotzdem alles in Maßen!

Blumenkohlcurry mit Tofu

Adipositas | Arthrose | Bluthochdruck | Diabetes | Fettleber | Fettstoffwechselstörungen | Gicht | Multiple Sklerose | Rheuma | Schuppenflechte | Wechseljahre

Für 2 Personen
Zubereitungszeit: 30 Minuten

1/2 Blumenkohl (ca. 400 g)
1 kleine Zwiebel
1 Knoblauchzehe
1 kleine rote Chilischote
1 EL Rapskernöl
1/2 TL Salz
1 EL Currypulver
1/2 TL gemahlene Kurkuma
1/4 l Gemüsebrühe
125 g Zuckerschoten
200 g Tofu
1–2 EL Zitronensaft
1 TL Kokoschips

Nährwerte pro Portion: 360 kcal, 26 g EW, 17 g F, 20 g KH, 12 g BST

+ Den Blumenkohl putzen, waschen und in Röschen zerteilen, den Strunk in kleine Würfel schneiden. Zwiebel und Knoblauch schälen und in feine Würfel schneiden. Die Chilischote längs halbieren und entkernen, waschen und in feine Würfel schneiden.

+ Das Öl in einem Topf erhitzen und Zwiebel, Knoblauch, Chili, Salz, Currypulver und Kurkuma darin 3 Minuten andünsten. Mit der Brühe ablöschen und alles aufkochen. Den Blumenkohl dazugeben und zugedeckt bei schwacher Hitze etwa 15 Minuten garen.

+ Inzwischen die Zuckerschoten putzen und waschen. Den Tofu in etwa 1 cm große Würfel schneiden. Die Zuckerschoten und den Tofu etwa 3 Minuten vor Ende der Garzeit zum Blumenkohl geben und das Curry fertig garen. Zum Servieren mit Zitronensaft abschmecken und mit Kokoschips bestreuen.

Die Ernährungs-Docs

Das vegane Curry ist eine leckere Rezeptidee für alle, die möglichst viel Gemüse essen sollten. Am besten kombinieren Sie es wie hier mit hochwertigem Eiweiß in Form von Tofu und ohne nennenswerte Mengen an Kohlenhydraten – auf die Reisbeilage sollten Sie verzichten oder einfach die Vollkornvariante nehmen!

Auberginenauflauf mit Mozzarella

Adipositas | Arthrose | Bluthochdruck | Colitis ulcerosa | Diabetes | Fettleber | Fettstoffwechselstörungen | Gicht | Multiple Sklerose | Reflux | Rheuma | Wechseljahre

Für 4 Personen
Zubereitungszeit: 25 Minuten
Garen: 20–27 Minuten

750 g Auberginen
1 Zwiebel
1 Knoblauchzehe
2–3 Stiele Basilikum
2 EL Olivenöl
1 Dose geschälte Tomaten (ca. 400 g)
Salz, Pfeffer aus der Mühle
etwas getrockneter Oregano
200 g Mozzarella
50 g geriebener Parmesan
Öl für die Form

Nährwerte pro Portion: 290 kcal, 16 g EW, 20 g F, 8 g KH, 4 g BST

+ Den Backofen auf 220 °C vorheizen. Ein Backblech mit Backpapier auslegen. Die Auberginen putzen und waschen, trocken tupfen und quer in fingerbreite Scheiben schneiden. Auf das Blech legen und im Ofen auf der mittleren Schiene auf beiden Seiten 5 bis 7 Minuten grillen. Sobald die Auberginen Farbe angenommen haben, sind sie gar – dann sofort herausnehmen. Den Ofen nicht ausschalten.

+ Inzwischen Zwiebel und Knoblauch schälen, die Zwiebel in Ringe, den Knoblauch in feine Würfel schneiden. Das Basilikum waschen und trocken schütteln, die Blätter abzupfen und in Streifen schneiden. Das Öl in einer Pfanne erhitzen und Zwiebel und Knoblauch darin andünsten. Die Dosentomaten samt Saft dazugeben, die Tomatensauce mit Salz, Pfeffer, Oregano und Basilikum würzen und offen bei schwacher Hitze 8 bis 10 Minuten einkochen.

+ Währenddessen den Mozzarella in dünne Scheiben schneiden. Eine Auflaufform dünn einfetten, 2 EL Tomatensauce hineingeben und mit 1 Schicht Auberginen bedecken. Darauf in dieser Reihenfolge jeweils 2 bis 3 EL Tomatensauce, Mozzarella und 2 EL Parmesan schichten, bis alle Zutaten aufgebraucht sind, dabei mit Mozzarella und Parmesan abschließen. Den Auflauf im Ofen auf der mittleren Schiene 15 bis 20 Minuten backen. Herausnehmen und servieren.

Die Ernährungs-Docs

Wer auf fettarme Milchprodukte achten sollte, verwendet Light-Mozzarella. Je nach Verträglichkeit der Tomaten eignet sich dieser Auflauf auch für Betroffene von Arthrose, Neurodermitis und Rheuma. Wer an Colitis ulcerosa leidet, schält die Auberginen am besten vor dem Backen mit einem Sparschäler.

Ratatouille

Adipositas | Arthrose | Bluthochdruck | Diabetes | Fettleber | Fettstoffwechselstörungen | Gicht | Multiple Sklerose | Rheuma | Schuppenflechte | Wechseljahre

Für 2 Personen
Zubereitungszeit: 40 Minuten

1 kleine Aubergine
Salz
1 kleine Gemüsezwiebel
2 Knoblauchzehen
1 großer Zucchino
je 1 rote und gelbe Paprikaschote
450 g Tomaten (ersatzweise geschälte Tomaten aus der Dose)
1 EL Olivenöl
50 g Tomatenmark
Pfeffer aus der Mühle
1 1/2 TL gemischte Kräuter (z. B. Rosmarin, Salbei oder Thymian)
1/2 TL Zucker

Nährwerte pro Portion: 230 kcal, 9 g EW, 8 g F, 24 g KH, 9 g BST

+ Die Aubergine waschen, putzen und in mundgerechte Stücke schneiden. Die Auberginenstücke mit Salz würzen und mind. 10 Minuten ziehen lassen, dann gründlich trocken tupfen.

+ Inzwischen die Zwiebel schälen und in grobe Würfel schneiden. Den Knoblauch schälen und in feine Würfel schneiden. Den Zucchino putzen, waschen und in Würfel schneiden. Paprika längs halbieren und entkernen, waschen und in grobe Stücke schneiden. Die Tomaten waschen und ebenfalls in grobe Stücke schneiden, dabei Kerne und Stielansätze entfernen (alternativ Dosentomaten verwenden).

+ Das Öl in einem großen Topf erhitzen und Zwiebel, Knoblauch und Zucchino darin anbraten, dann die Paprika und zuletzt die Aubergine hinzufügen. Alles etwa 5 Minuten kräftig anbraten. Das Tomatenmark dazugeben und unterrühren, mit Salz und Pfeffer würzen.

+ Die Tomaten mit Kräutern und Zucker hinzufügen. Das Ratatouille bei mittlerer Hitze noch etwa 20 Minuten köcheln lassen, bei Bedarf etwas Wasser dazugießen. Das Gemüse sollte am Ende der Garzeit noch etwas Biss haben. Zum Servieren das Ratatouille nochmals kräftig abschmecken. Dazu passt im Ofen gegarter Lachs im Pergament (siehe Seite 214) oder für jeden 1/2 Dinkelvollkornbrötchen.

Die Ernährungs-Docs

Mediterraner Genuss auf die vegane Art. Das Ratatouille war in der Provence ursprünglich ein Arme-Leute-Essen. Für unsere Gesundheit ist die Kombination aus Gemüse, Kräutern und Olivenöl jedoch ein wahrer Schatz!

Kernige Hirsepuffer mit Tomatensalat

Adipositas | Bluthochdruck | Diabetes | Fettleber | Fettstoffwechselstörungen
Gicht | Reflux | Wechseljahre

Für 2 Personen
Zubereitungszeit: 40 Minuten

80 g Hirse
200 ml Gemüsebrühe
1 kleine Zwiebel
1 kleine Möhre
3 EL Rapskernöl
je 1 EL Sonnenblumenkerne und helle Sesamsamen
75 g Magerquark
1 EL Kichererbsenmehl (aus Bioladen oder Reformhaus)
Salz, Pfeffer aus der Mühle
300 g bunte Cocktailtomaten
2 TL Rotweinessig
2 Stiele Basilikum

Nährwerte pro Portion: 500 kcal, 15 g EW, 28 g F, 44 g KH, 8 g BST

+ Die Hirse nach Packungsanweisung in der Brühe zugedeckt bei mittlerer Hitze 10 bis 15 Minuten köcheln, bis die Flüssigkeit vollständig eingekocht ist. Vom Herd nehmen und offen ausdampfen lassen.

+ Inzwischen die Zwiebel schälen und in feine Würfel schneiden. Die Möhre putzen, schälen und klein würfeln. In einer Pfanne 1 EL Öl erhitzen und Zwiebel, Möhre, Sonnenblumenkerne und Sesamsamen darin etwa 3 Minuten unter Rühren anbraten, vom Herd nehmen.

+ Die gequollene Hirse in einer Schüssel mit Möhren-Mix, Quark und Kichererbsenmehl gründlich verkneten und mit Salz und Pfeffer würzen. Aus der Masse mit angefeuchteten Händen 6 kleine Puffer formen. In einer großen beschichteten Pfanne 1 ½ EL Öl erhitzen und die Puffer darin bei mittlerer Hitze auf beiden Seiten 5 bis 6 Minuten goldbraun braten. Herausnehmen und warm halten.

+ Inzwischen für den Salat Tomaten waschen und halbieren. Essig, 1 EL Wasser und übriges Öl verrühren, die Tomaten damit beträufeln und mit Salz und Pfeffer würzen. Das Basilikum waschen und trocken schütteln, die Blätter abzupfen, grob hacken und auf den Salat streuen. Den Tomatensalat mit den Hirsepuffern servieren.

Die Ernährungs-Docs

Kraftquelle, nicht nur für Sportler: Die kleinen gelben Hirseperlen glänzen durch ihren natürlichen Mix an Mineralstoffen – vor allem Eisen und Magnesium, B-Vitaminen und reichlich Kohlenhydraten. Daneben sind sie gut bekömmlich und einfach immer wieder eine prima Alternative zu Weizenprodukten.

DAS SUPER
REZEPT

Blumenkohl-Pizza

Adipositas | Arthrose | Bluthochdruck | Diabetes | Fettleber | Fettstoffwechselstörungen | Gicht | Rheuma | Schuppenflechte | Wechseljahre

Zutaten für 2 Personen
Zubereitungszeit: 45 Minuten
Backzeit: 25–30 Minuten

400 g Blumenkohl
Salz
1 Knoblauchzehe
200 g geriebener mittelalter Gouda (30 % Fett i. Tr.)
2 Eier
1 TL getrocknete italienische Kräuter
Salz, Pfeffer aus der Mühle
1 Dose passierte Tomaten (ca. 200 g)
80 g Kochschinkenaufschnitt (in dünnen Scheiben)
80 g grüne Bohnen
½ rote Paprikaschote (ca. 80 g)
50 g Cocktailtomaten
1 Handvoll Blattspinat

Nährwerte pro Portion: 480 kcal, 51 g EW, 23 g F, 12 g KH, 9 g BST

+ Den Blumenkohl putzen, waschen und den harten Strunk entfernen. Den Stiel schälen, den Blumenkohl in Röschen zerteilen. Stiel und Röschen im Blitzhacker fein hacken, sodass eine grießähnliche Masse entsteht. Dann in kochendem Salzwasser etwa 1 Minute blanchieren, in ein Sieb abgießen, kalt abschrecken und abtropfen lassen.

+ Den Backofen auf 200 °C vorheizen. Ein Backblech mit Backpapier auslegen. Knoblauch schälen und fein würfeln. Blumenkohl, 150 g Käse, Eier, Knoblauch, Kräuter, ½ TL Salz und Pfeffer mischen. Die Masse auf dem Blech zu einem Rechteck formen und im Ofen auf der mittleren Schiene 15 bis 20 Minuten goldbraun vorbacken.

+ Inzwischen die passierten Tomaten mit Salz und Pfeffer würzen. Den Schinken vom Fettrand befreien und grob zerzupfen. Die Bohnen putzen, waschen und in kochendem Salzwasser 2 Minuten blanchieren, abgießen und kalt abschrecken. Die Paprikahälfte entkernen und waschen, halbieren und in dünne Streifen schneiden. Die Tomaten waschen und halbieren. Den Spinat verlesen, waschen und gut abtropfen lassen. Die Pizza aus dem Ofen nehmen und das Tomatenpüree auf dem Boden verstreichen, dann mit Schinken und Gemüse belegen und mit übrigem Käse bestreuen. Die Pizza im Ofen noch etwa 10 Minuten backen. Die Blumenkohl-Pizza aus dem Ofen nehmen und vor dem Servieren kurz abkühlen lassen.

Die Ernährungs-Docs

Die Low-Carb-Variante des Italo-Klassikers bringt mit reichlich sekundären Pflanzenstoffen, Vitamin C und Zink Ihr Immunsystem auf Trab und ist eine gute Quelle für B-Vitamine.

Möhrencurry mit würzigem Kern-Mix

Adipositas | Arthrose | Bluthochdruck | Diabetes | Fettleber | Fettstoffwechselstörungen | Gicht | Migräne | Rheuma | Schuppenflechte | Wechseljahre

Für 2 Personen
Zubereitungszeit: 20 Minuten

250 g Möhren
1 Zwiebel
1 EL Rapskernöl
2 TL Sonnenblumenkerne
2 TL grob gehackte Mandeln oder Mandelstifte
1 TL Currypulver
100 ml Gemüsebrühe
1/2 Bund Petersilie
Salz, Pfeffer aus der Mühle

Nährwerte pro Portion: 190 kcal, 5 g EW, 12 g F, 14 g KH, 6 g BST

+ Die Möhren putzen, schälen und in feine Stifte schneiden. Die Zwiebel schälen und in feine Würfel schneiden.

+ Das Öl in einem großen Topf erhitzen und die Zwiebelwürfel darin andünsten. Dann Sonnenblumenkerne und Mandeln dazugeben und kurz darin schwenken. Das Currypulver darüberstäuben. Die Möhren dazugeben, alles mit der Brühe ablöschen und zugedeckt bei schwacher Hitze etwa 10 Minuten bissfest garen.

+ Inzwischen die Petersilie waschen und trocken schütteln, die Blätter abzupfen und fein hacken. Das Curry mit Salz und Pfeffer würzen. Wer es gerne schärfer mag, gibt noch mehr Currypulver dazu. Zum Servieren die Petersilie unter das Curry heben.

Tipp: Dazu passt Basmati-Reis, am besten in der Vollkornvariante (ca. 50 g pro Person).

Die Ernährungs-Docs

Dank ihres milden Geschmacks sind Möhren gut verträglich und bei vielen Beschwerden erlaubt. Man sollte sie möglichst oft zerkleinert und gedünstet als Gemüse essen – am besten immer mit einer kleinen Menge Öl, Butter oder Sahne, damit das fettlösliche Beta-Carotin vom Körper gut aufgenommen werden kann.

DAS SUPER
REZEPT

Gemüse-Spaghetti mit Tomatensugo

Adipositas | Arthrose | Bluthochdruck | Diabetes | Fettleber | Fettstoffwechselstörungen | Gicht | Rheuma | Schuppenflechte | Wechseljahre

Für 2 Personen
Zubereitungszeit: 25 Minuten

200 g Vollkorn-Spaghetti
Salz
2 Möhren
1 Zucchino (ca. 150 g)
1 Knoblauchzehe
1 EL Olivenöl
1 Dose stückige Tomaten (ca. 200 g)
1 TL getrocknete Kräuter der Provence
Pfeffer aus der Mühle
je 3 Stiele Petersilie und Basilikum

Nährwerte pro Portion: 460 kcal, 16 g EW, 9 g F, 69 g KH, 16 g BST

+ Die Spaghetti in reichlich kochendem Salzwasser nach Packungsanweisung bissfest garen. Währenddessen die Möhren putzen und schälen, den Zucchino putzen und waschen. Beide Gemüse mit dem Sparschäler längs in dünne Streifen – ähnlich wie Bandnudeln – schneiden. Die Gemüsenudeln etwa 3 Minuten vor Ende der Garzeit mit ins Nudelkochwasser geben. Anschließend alles in ein Sieb abgießen und gut abtropfen lassen.

+ Inzwischen den Knoblauch schälen und in dünne Scheiben schneiden. Das Öl in einem Topf erhitzen und den Knoblauch darin kurz andünsten. Die Tomatenstücke und Kräuter der Provence dazugeben und alles offen bei schwacher Hitze 5 bis 7 Minuten köcheln lassen. Mit Salz und Pfeffer würzen. Die Kräuter waschen und trocken schütteln, die Blätter abzupfen und fein hacken.

+ Die Gemüsenudeln mit der Hälfte des Tomatensugo mischen und auf tiefe Teller verteilen. Den übrigen Tomatensugo daraufgeben und mit den Kräutern bestreut servieren.

Tipp: Statt mit dem Sparschäler können Sie Möhren und Zucchino auch mit einem speziellen Spiralschneider in spaghettiähnliche Streifen schneiden und wie beschrieben in Salzwasser garen.

Die Ernährungs-Docs

Viele wertvolle Inhaltsstoffe machen dieses farbenfrohe Gericht zu einem Hit für das Immunsystem. Die Tomaten liefern den gesundheitsfördernden roten Farbstoff Lykopin, der die Haut vor Sonnenschäden und damit vor Krebs schützt. Diese Carotinoid-Verbindung ist in Tomatenpüree und -saft besonders wirksam.

Tomaten-Zwiebel-Quiche

Adipositas | Bluthochdruck | Diabetes | Fettleber | Fettstoffwechselstörungen | Gicht
Schuppenflechte | Wechseljahre

Für 1 Tarte- oder Springform
(28 cm Ø; für 6 Stück)
Zubereitungszeit: 15 Minuten
Backen: 40 Minuten

125 g gemahlene Mandeln
125 g Weizenvollkornmehl
100 ml Rapskern- oder Olivenöl
125 g Magerquark
2 EL gehackter Rosmarin
Salz
2 Gemüsezwiebeln
1 Knoblauchzehe
100 g getrocknete Tomaten
(in Öl)
4 Eier
200 g Kochsahne (15 % Fett)
125 g geriebener Hartkäse
(30 % Fett i. Tr.)
Pfeffer aus der Mühle
Öl für die Form

Nährwerte pro Stück: 570 kcal, 24 g EW, 43 g F, 20 g KH, 6 g BST

+ Den Backofen auf 180 °C vorheizen. Die Form einfetten. Aus Mandeln, Mehl, Öl, Quark, 1 EL Rosmarin und 1 EL Salz einen Teig kneten. Die Form mit dem Teig auskleiden und den Boden im Ofen auf der mittleren Schiene etwa 15 Minuten goldbraun vorbacken. Herausnehmen und abkühlen lassen, Backofen nicht ausschalten.

+ Inzwischen die Zwiebeln und den Knoblauch schälen, die Zwiebeln in dünne Ringe, den Knoblauch in feine Würfel schneiden. Die Tomaten abtropfen lassen, eventuell trocken tupfen (sie sollen nicht zu ölig sein) und in Stücke schneiden. Zwiebeln, Knoblauch und Tomaten mischen und auf dem vorgebackenen Boden verteilen.

+ Die Eier mit Kochsahne, Käse und restlichem Rosmarin verquirlen, mit Pfeffer und vorsichtig mit Salz (je nach Käsesorte) würzen. Den Guss gleichmäßig über der Tomaten-Zwiebel-Mischung verteilen und die Quiche im Ofen auf der mittleren Schiene etwa 25 Minuten fertig backen. Aus dem Ofen nehmen und kalt oder warm servieren.

Die Ernährungs-Docs

Achten Sie vor allem bei Diabetes darauf, anstelle der „weißen" Produkte bei Mehl, Reis, Nudeln und Co. die Vollkornvarianten zu verwenden. Da hier alle Schalenbestandteile mit verarbeitet sind, essen wir automatisch mehr Ballaststoffe und werden auf diese Weise schneller und lang anhaltend satt.

Spargel-Zucchini-Auflauf mit Hähnchen

Adipositas | Arthrose | Bluthochdruck | Colitis ulcerosa | Diabetes | Fettleber
Fettstoffwechselstörungen | Gicht | Migräne | Neurodermitis | Rheuma
Schuppenflechte | Wechseljahre

Für 2 Personen
Zubereitungszeit: 30 Minuten
Garen: 20 Minuten

400 g grüner Spargel
(ersatzweise 400 g Brokkoli)
Salz
2 kleine Zucchini
1 Zwiebel
2 Hähnchenbrustfilets
(à ca. 125 g)
2 EL Kokosfett
Pfeffer aus der Mühle
1 TL Currypulver
100 g Crème légère (15 % Fett)
1 EL Pinienkerne (nach Belieben)
2 Zweige Rosmarin

Nährwerte pro Portion: 410 kcal, 41 g EW, 20 g F, 12 g KH, 6 g BST

+ Den Spargel waschen, im unteren Drittel schälen und die Enden entfernen. Den Spargel in kochendem Salzwasser etwa 7 Minuten vorgaren. Dann abgießen und abtropfen lassen. Inzwischen die Zucchini putzen und waschen, quer halbieren und längs in Scheiben schneiden. Die Zwiebel schälen, halbieren und in Streifen schneiden.

+ Den Backofen auf 200 °C vorheizen. Das Fleisch waschen, trocken tupfen und in einer Pfanne im Kokosfett unter gelegentlichem Wenden 5 Minuten braten. Salzen, pfeffern und aus der Pfanne nehmen. Die Zwiebel im verbliebenen Bratfett andünsten. Zucchini hinzufügen, kurz anbraten und mit Salz, Pfeffer und Curry würzen, aus der Pfanne nehmen. Bratensatz mit Crème légère lösen und kurz aufkochen, salzen und pfeffern. Gemüse und Spargel in einer Auflaufform verteilen, Fleisch daraufsetzen. Alles mit der Creme beträufeln, nach Belieben mit Pinienkernen bestreuen und den Auflauf im Ofen auf der mittleren Schiene etwa 20 Minuten garen.

+ Rosmarin waschen und trocken schütteln, die Nadeln abzupfen und fein hacken. Auflauf aus dem Ofen nehmen, kurz abkühlen lassen und mit Rosmarin bestreut servieren.

Die Ernährungs-Docs

Grüner wie weißer Spargel besteht zu über 90 Prozent aus Wasser und liefert damit im Verhältnis zum Gewicht recht wenig Kalorien. Betroffene von Gicht sollten aufgrund seines Puringehalts zu große Mengen Spargel meiden oder auf Brokkoli ausweichen.

Gemüsepfanne mit Putenbrust

Adipositas | Arthrose | Bluthochdruck | Diabetes | Fettleber | Fettstoffwechselstörungen | Gicht | Rheuma | Schuppenflechte | Wechseljahre

Für 2 Personen
Zubereitungszeit: 20 Minuten

2 dünne Stangen Lauch
2 Möhren
2 kleine Zucchini
je 1 gelbe und rote Paprikaschote
2 EL Rapskernöl
1 TL getrockneter Thymian
3 EL Weißweinessig
Salz, Pfeffer aus der Mühle
200 g Putenbrustaufschnitt (in dünnen Scheiben)

Nährwerte pro Portion: 380 kcal, 35 g EW, 14 g F, 21 g KH, 12 g BST

+ Das Gemüse putzen und waschen beziehungsweise schälen. Die weißen und hellgrünen Teile des Lauchs in dünne Ringe schneiden. Möhren und Zucchini in Streifen, Paprika in grobe Stücke schneiden.

+ Das Öl in einer Pfanne leicht erhitzen und den Thymian darin andünsten. Das Gemüse und 2 EL Wasser hinzufügen und alles 5 Minuten dünsten. Mit Essig ablöschen. Das Gemüse vom Herd nehmen, mit Salz und Pfeffer würzen.

+ Die Putenbrustscheiben halbieren oder in Streifen schneiden und locker unter das Gemüse mischen. Sofort servieren. Dazu schmeckt 1/2 Dinkelvollkornbrötchen pro Person.

Tipp: Die Gemüsepfanne schmeckt kalt und warm. Zum Mitnehmen vollständig abkühlen lassen, mit Putenaufschnitt in eine Lunchbox füllen und verschließen. Bis 1 Stunde vor dem Verzehr kühl stellen.

Die Ernährungs-Docs

Eine „furchtbar" gesunde Familie: Sowohl die großen Gemüsepaprikaschoten als auch die kleineren Peperoni und Gewürzpaprika sind reich an Vitamin C, Kalium, Carotinoiden und Polyphenolen. Deshalb besitzen sie ein enorm antioxidatives Potenzial und stärken unsere Abwehrkräfte.

Marinierte Hähnchenbrust mit Ofengemüse

Adipositas | Arthrose | Bluthochdruck | Colitis ulcerosa | Diabetes | Fettleber
Fettstoffwechselstörungen | Gicht | Rheuma | Schuppenflechte

Für 2 Personen
Zubereitungszeit: 40 Minuten
Marinieren: mind. 30 Minuten
(am besten über Nacht)
Garen: 45 Minuten

Für die Hähnchenbrust:
1 EL Senf
1 EL flüssiger Honig
1 EL Rapskernöl
1 EL Sojasauce
Salz, Pfeffer aus der Mühle
2 Knoblauchzehen
250 g Hähnchenbrustfilet

Für das Ofengemüse:
150 g vorgegarte Rote Bete
(vakuumverpackt)
2 Möhren, 2 Pastinaken
1/2 Süßkartoffel (ca. 150 g)
1/2 Zwiebel
1 Knoblauchzehe
1 EL Rapskernöl
1 EL flüssiger Honig
3 EL Orangensaft
Salz, Pfeffer aus der Mühle
1 TL getrockneter Thymian

Nährwerte pro Portion: 490 kcal, 35 g EW, 15 g F, 50 g KH, 9 g BST

+ Für die Hähnchenbrust Senf, Honig, Öl, Sojasauce, Salz und Pfeffer verrühren. Den Knoblauch schälen, in feine Würfel schneiden und unter die Marinade mischen. Das Hähnchenbrustfilet waschen und trocken tupfen. In der Marinade zugedeckt mind. 30 Minuten – am besten über Nacht – kühl einlegen.

+ Für das Ofengemüse den Backofen auf 200 °C (Umluft) vorheizen. Die Rote Bete in grobe Stücke schneiden. Das übrige Gemüse putzen, schälen und ebenfalls in grobe Stücke schneiden.

+ Zwiebel und Knoblauch schälen und in feine Würfel schneiden. Das Öl mit Zwiebel, Knoblauch, Honig und Orangensaft verquirlen. Das Gemüse damit in einer ofenfesten Form mischen und darin gleichmäßig verteilen. Mit Salz, Pfeffer und Thymian würzen und im Ofen auf der mittleren Schiene 40 bis 45 Minuten backen.

+ Das Hähnchenfleisch aus der Marinade heben, trocken tupfen und in einer beschichteten Pfanne ohne Fett auf beiden Seiten 5 bis 10 Minuten anbraten. Dann mit dem Ofengemüse servieren.

Die Ernährungs-Docs

Einfach zu machen, intensiv im Geschmack: Wer clever ist, kocht Gemüse nicht in reichlich Wasser, sondern gart es im Backofen. Dabei bleiben Vitamine und Mineralstoffe weitgehend erhalten. Außerdem liefert Ofengemüse wenig Kalorien. Wichtig ist allerdings: Fürs Braten oder Garen bei hohen Temperaturen bitte niemals ein natives, kalt gepresstes Öl verwenden – sonst entstehen schädliche Zerfallsprodukte.

Putenschnitzel mit Mango-Bratnudeln

Bluthochdruck | Gicht | Migräne

Für 2 Personen
Zubereitungszeit: 25 Minuten

150 g Vollkorn-Spaghetti
Salz
1 kleine Mango (ca. 300 g)
1 Gemüsezwiebel
2 Putenschnitzel (à ca. 150 g)
3 EL Olivenöl
Cayennepfeffer
gemahlener Koriander
2 EL Korianderblätter
(ersatzweise Petersilienblätter)

Nährwerte pro Portion: 590 kcal, 20 g EW, 24 g F, 68 g KH, 12 g BST

+ Die Spaghetti in reichlich kochendem Salzwasser nach Packungsanweisung bissfest garen. Die Nudeln in ein Sieb abgießen, kalt abschrecken und gut abtropfen lassen.

+ Inzwischen die Mango schälen, das Fruchtfleisch auf den flachen Seiten vom Stein schneiden und in dünne, etwa 4 cm lange Streifen schneiden. Die Zwiebel schälen und in dünne Ringe schneiden.

+ Die Putenschnitzel waschen und trocken tupfen, vorsichtig plattieren und rundum mit Salz würzen. In einer beschichteten Pfanne 1 EL Öl erhitzen und die Schnitzel darin auf beiden Seiten 5 Minuten goldbraun braten. Herausnehmen, in Alufolie gewickelt warm halten.

+ Das restliche Öl in die Pfanne geben und die Zwiebelringe darin andünsten. Die Mangostreifen dazugeben und unter Rühren so lange braten, bis sie Farbe angenommen haben. Die Nudeln dazugeben und etwa 1 Minute anbraten, dann alles mit Salz, Cayennepfeffer und 1 Prise gemahlenem Koriander pikant abschmecken.

+ Die Mango-Bratnudeln auf Teller verteilen. Die Putenschnitzel aus der Folie wickeln, quer in Streifen schneiden und darauf anrichten. Zum Servieren mit dem gehackten Koriander bestreuen.

Die Ernährungs-Docs

Immer mit (der) Ruhe – das gilt sowohl für Betroffene von Migräne als auch für Reizdarm-Patienten. Machen Sie es sich am besten daheim gemütlich oder suchen Sie in Kantine und Restaurant eine ruhige Ecke, kauen Sie gründlich und trinken Sie zum Essen ausreichend milde Getränke, die Zimmertemperatur haben.

Couscous mit Hähnchen

Adipositas | Arthrose | Bluthochdruck | Diabetes | Fettleber | Fettstoffwechselstörungen | Gicht | Migräne | Rheuma | Schuppenflechte | Wechseljahre

Für 2 Personen
Zubereitungszeit: 25 Minuten

2 Hähnchenbrustfilets
(à ca. 125 g)
1 Knoblauchzehe
2 Zwiebeln
2 Möhren
1/4 Knollensellerie (ca. 200 g)
1 EL Rapskernöl
50 g Couscous
300 ml Gemüsebrühe
3 Stiele Petersilie
Salz, Pfeffer aus der Mühle
gemahlener Koriander
gemahlener Kümmel

Nährwerte pro Portion: 380 kcal, 36 g EW, 11 g F, 29 g KH, 8 g BST

+ Die Hähnchenbrustfilets waschen, trocken tupfen und in Würfel schneiden. Den Knoblauch und die Zwiebeln schälen und beides in feine Würfel schneiden. Die Möhren und den Sellerie putzen, schälen und ebenfalls in Würfel schneiden.

+ Das Öl in einem großen Topf erhitzen und das Hähnchenfleisch darin rundum andünsten. Knoblauch, Zwiebeln und Gemüse dazugeben, alles etwa 6 Minuten garen. Das Couscous hinzufügen und kurz andünsten. Mit Brühe ablöschen und alles etwa 10 Minuten garen.

+ Inzwischen die Petersilie waschen und trocken schütteln, die Blätter abzupfen und fein hacken. Das Couscous mit wenig Salz, Pfeffer, Koriander und Kümmel abschmecken, auf Teller verteilen und mit Petersilie bestreut servieren.

Tipp: Couscous ist von der flotten Truppe – denn er besteht aus vorgegartem Hartweizengrieß und lässt sich als Instant-Variante im Handumdrehen zubereiten (Packungsanweisung beachten).

Die Ernährungs-Docs

Bei Fettstoffwechselstörungen eignen sich helle Fleischsorten wie Hähnchenbrustfilet – jedoch sollte Fleisch nur in Maßen, also ein- bis zweimal pro Woche auf dem Speiseplan stehen.
Um Kohlenhydrate zu sparen, gibt es hier nur wenig Couscous zum Fleisch und dafür umso mehr satt machendes Gemüse.

Hähnchenbrustfilet mit Spinat und Schafskäse

Adipositas | Arthrose | Bluthochdruck | Diabetes | Fettleber | Fettstoffwechselstörungen | Fruktose-Intoleranz | Gicht | Multiple Sklerose | Reflux | Reizdarm Schuppenflechte | Wechseljahre

Für 4 Personen
Zubereitungszeit: 20 Minuten
Garen: 25 Minuten

400 g tiefgekühlter Blattspinat
4 Hähnchenbrustfilets (à ca. 150 g)
Salz, Pfeffer aus der Mühle
1 EL Kokosfett
1 Zwiebel
1 EL Rapskernöl
frisch geriebene Muskatnuss
100 g Schafskäse (Feta)

Nährwerte pro Portion: 310 kcal, 43 g EW, 14 g F, 3 g KH, 3 g BST

+ Den Backofen auf 220 °C vorheizen. Den Spinat auftauen lassen. Inzwischen die Hähnchenbrustfilets waschen, trocken tupfen und mit Salz und Pfeffer rundum großzügig würzen. Das Kokosfett in einer Pfanne erhitzen und die Hähnchenbrustfilets darin auf beiden Seiten 2 bis 3 Minuten anbraten, dann herausnehmen.

+ Die Zwiebel schälen und in feine Würfel schneiden. Das Öl in der Pfanne erhitzen und die Zwiebelwürfel darin andünsten. Den Spinat hinzufügen und darin 2 bis 3 Minuten vorgaren, vom Herd nehmen und mit Salz, Pfeffer und Muskatnuss würzen.

+ Die angebratenen Hähnchenbrustfilets in eine Auflaufform legen und den Spinat als kleines Häubchen daraufsetzen. Den Schafskäse grob zerbröseln und darüberstreuen. Alles im Ofen auf der mittleren Schiene etwa 25 Minuten überbacken. Herausnehmen und vor dem Servieren kurz abkühlen lassen. Dazu passt ½ Dinkelvollkornbrötchen pro Person.

Tipp: Wer sein Augenmerk auf den Fettgehalt im Essen haben muss, verwendet am besten fettarmen Schafskäse.

Die Ernährungs-Docs

Hähnchenfleisch ohne Haut ist angenehm fettarm – und damit ideal für eine Diät bei Adipositas, bei der täglich hochwertige Proteine auf dem Speiseplan stehen sollten. Denn sie sorgen für eine lang anhaltende Sättigung und verhindern Heißhunger.

Involtini auf Gemüseragout

Adipositas | Arthrose | Bluthochdruck | Diabetes | Fettleber | Fettstoffwechselstörungen | Gicht | Multiple Sklerose | Reflux | Rheuma | Schuppenflechte Wechseljahre

Für 2 Personen
Zubereitungszeit: 45 Minuten

4 dünne Kalbsschnitzel (à ca. 80 g)
Salz, Pfeffer aus der Mühle
4 Salbeiblätter
2 getrocknete Tomaten (in Öl)
2 TL Basilikum-Pesto (aus dem Glas)
2 Möhren
2 Stangen Staudensellerie
1 kleine Zwiebel
1 Knoblauchzehe
2 EL Kokosfett
1 TL gehackter Thymian
2 TL Tomatenmark
200 g stückige Tomaten (aus der Dose)
1/8 l Gemüsebrühe
1/2 Bund Petersilie

Außerdem:
4 Holzspieße

Nährwerte pro Portion: 320 kcal, 38 g EW, 12 g F, 12 g KH, 6 g BST

+ Die Kalbsschnitzel vorsichtig plattieren und auf beiden Seiten mit Salz und Pfeffer würzen. Die Salbeiblätter abreiben. Die getrockneten Tomaten abtropfen lassen und in kleine Würfel schneiden. Jedes Schnitzel mit 1/2 TL Pesto bestreichen, mit 1 Salbeiblatt belegen und mit getrockneten Tomaten bestreuen. Die Schnitzel aufrollen und mit je 1 Holzspieß fixieren. Die Möhren putzen und schälen, den Sellerie putzen und waschen, beides in etwa 1/2 cm große Würfel schneiden. Zwiebel und Knoblauch schälen und in feine Würfel schneiden.

+ Das Kokosfett in einer Pfanne erhitzen und die Involtini darin bei starker Hitze rundum 5 Minuten anbraten, dann herausnehmen. Die Zwiebel im Bratfett bei mittlerer Hitze andünsten. Möhren, Sellerie, Knoblauch und Thymian dazugeben und 2 bis 3 Minuten andünsten. Das Tomatenmark einrühren und kurz anrösten. Die Tomatenstücke und Brühe hinzufügen und alles offen 5 Minuten einkochen lassen. Das Ragout mit Salz und Pfeffer würzen. Die Involtini auf das Gemüse legen und zugedeckt bei schwacher Hitze 10 bis 15 Minuten garen.

+ Inzwischen die Petersilie waschen und trocken schütteln, Blätter abzupfen und hacken. Die Hälfte davon zum Ragout geben. Involtini mit dem Ragout auf Teller verteilen und mit übriger Petersilie bestreut servieren. Dazu passen 100 g in Olivenöl gebratene Pellkartoffeln.

Die Ernährungs-Docs

Genuss all'Italiana: Die zarten Kalbfleischröllchen auf Tomatengemüse sind gut bekömmlich und liefern mit ihrem ausgewogenen Nährstoff-Mix genug Energie, um nach dem Essen voller Tatenkraft wieder durchzustarten.

Bologneses mit Penne und Walnüssen

Arthrose | Fruktose-Intoleranz | Rheuma | Schuppenflechte

Für 2 Personen
Zubereitungszeit: 30 Minuten

1 kleiner Zucchino
1/2 Zwiebel
1 TL Kokosfett
200 g gemischtes Hackfleisch
1 Dose passierte Tomaten (ca. 200 g)
Salz, Pfeffer aus der Mühle
200 g Penne
20 g Walnusskerne
100 g bunte Cocktailtomaten
1/2 Topf Basilikum

Nährwerte pro Portion: 730 kcal, 36 g EW, 29 g F, 76 g KH, 8 g BST

+ Den Zucchino putzen, waschen und in kleine Würfel schneiden. Die Zwiebel schälen und in feine Würfel schneiden.

+ Das Kokosfett in einem Topf erhitzen und das Hackfleisch darin unter Rühren krümelig anbraten. Zucchino und Zwiebel dazugeben und 5 Minuten mitdünsten. Die passierten Tomaten hinzufügen und die Sauce etwa 10 Minuten köcheln lassen. Dann mit Salz und Pfeffer würzen und warm halten.

+ Währenddessen die Penne in reichlich kochendem Salzwasser nach Packungsanweisung bissfest garen. Inzwischen die Walnüsse grob hacken und in einer beschichteten Pfanne ohne Fett leicht rösten, herausnehmen und abkühlen lassen. Die Tomaten waschen, halbieren und in der Pfanne von den Walnüssen ohne Fett bei starker Hitze 1 bis 2 Minuten andünsten.

+ Das Basilikum vom Topf schneiden, waschen und trocken schütteln. Die Blätter abzupfen und einige zum Garnieren beiseitestellen, den Rest fein hacken und unter die Bolognese rühren. Zum Servieren die angedünsteten Tomaten und Walnüsse unter die Bolognese ziehen und die Penne damit anrichten. Mit dem beiseitegestellten Basilikum garniert servieren.

Die Ernährungs-Docs

Grünes Licht bei Fruktose-Intoleranz: Tomaten sind – wie die meisten Gemüsesorten – so gut wie fruktosefrei. Wer an einer Fruktose-Intoleranz leidet, darf außerdem in Erbsen, Spinat, Spargel, Blumenkohl, Brokkoli, gegarten Pilzen, Mangold, Gurken, Sellerie, Zucchini schwelgen (siehe ab Seite 76).

Lamm-Ananas-Spieße mit Sesamspinat

Adipositas | Bluthochdruck | Diabetes | Fettleber | Fettstoffwechselstörungen
Wechseljahre

Für 2 Personen
Zubereitungszeit: 35 Minuten

250 g Lammlachs
(ausgelöster Lammrücken)
160 g Ananasfruchtfleisch
1 1/2 EL Rapskernöl
2 TL flüssiger Honig
1/2 TL Currypulver
400 g Babyspinat
1 kleine rote Zwiebel
2 TL helle Sesamsamen
1 TL Kokosfett
Salz, Pfeffer aus der Mühle
1–2 EL Sojasauce

Außerdem:
4 Schaschlik- oder Holzspieße

Nährwerte pro Portion: 370 kcal, 33 g EW, 21 g F, 10 g KH, 5 g BST

+ Den Lammlachs in 2 cm große Würfel schneiden. Das Ananasfruchtfleisch in etwa 1 cm große Würfel schneiden. Die Fleisch- und Ananasstücke abwechselnd auf die Spieße stecken. 1 EL Öl, Honig und Currypulver zu einer Marinade verrühren, die Spieße damit rundum bestreichen und etwa 10 Minuten ziehen lassen.

+ Inzwischen den Spinat verlesen, waschen und gut abtropfen lassen. Die Zwiebel schälen, halbieren und in feine Streifen schneiden. Den Sesam in einer beschichteten Pfanne ohne Fett leicht rösten. Herausnehmen und abkühlen lassen.

+ Eine Grillpfanne mit dem Kokosfett einstreichen und erhitzen. Die Lammspieße trocken tupfen und in der Pfanne bei mittlerer bis starker Hitze rundum 6 bis 8 Minuten goldbraun braten. Herausnehmen, salzen und pfeffern. In Alufolie wickeln und 5 Minuten ruhen lassen.

+ Inzwischen die Zwiebel in einer beschichteten Pfanne im übrigen Öl andünsten. 2 EL Wasser dazugeben und aufkochen. Den Spinat hinzufügen, mit Sojasauce, Pfeffer und wenig Salz würzen und zugedeckt 2 bis 3 Minuten dünsten, bis die Blätter zusammengefallen sind. Den Spinat mit Sesam bestreuen und mit den Lammspießen auf Tellern anrichten. Dazu passt 1/2 Dinkelvollkornbrötchen pro Person.

Die Ernährungs-Docs

Low Carb, Schlankmacher und ein echtes Traum-Trio: Spinat und Lamm liefern reichlich Eisen und das in der Ananas enthaltene Vitamin C sorgt dafür, dass der Mineralstoff optimal in den Körper aufgenommen wird.

DAS SUPER
REZEPT

Lammlachs mit Grünkohlgemüse

Adipositas | Arthrose | Bluthochdruck | Diabetes | Fettleber | Fettstoffwechselstörungen | Fruktose-Intoleranz | Migräne | Multiple Sklerose | Rheuma Schuppenflechte | Wechseljahre

Für 2 Personen
Zubereitungszeit: 45 Minuten

500 g Grünkohl (geputzt; ersatzweise 300 g tiefgekühlter Grünkohl)
1 kleine Zwiebel
2 Knoblauchzehen
½ unbehandelte Zitrone
100 g weiße Bohnen (aus der Dose)
300 g Lammlachs (ausgelöster Lammrücken)
Salz, Pfeffer aus der Mühle
1 EL Kokosfett
1 kleiner Zweig Rosmarin
¼ l Gemüsebrühe
1 EL Rapskernöl

Nährwerte pro Portion: 370 kcal, 37 g EW, 21 g F, 7 g KH, 5 g BST

+ Den Grünkohl waschen, falls nötig, die harten Blattstrünke entfernen und den Kohl in feine Streifen schneiden. Die Zwiebel und 1 Knoblauchzehe schälen und in feine Würfel schneiden. Die übrige Knoblauchzehe schälen und in Scheiben schneiden. Die Zitrone heiß waschen, trocken reiben und die Schale fein abreiben. Die Bohnen in ein Sieb abgießen, kalt abbrausen und gut abtropfen lassen. Das Fleisch rundum mit Salz und Pfeffer würzen.

+ Das Kokosfett in einer Pfanne erhitzen und den Lammlachs darin bei starker Hitze auf beiden Seiten 5 Minuten braun anbraten. Rosmarinzweig und Knoblauchscheiben dazugeben, kurz andünsten und mit ⅛ l Brühe ablöschen. Zugedeckt weitere 5 Minuten garen. Dann das Fleisch in Alufolie wickeln und 5 Minuten ruhen lassen.

+ Gleichzeitig die Zwiebel in einem Topf im Öl andünsten. Grünkohl, Knoblauchwürfel und übrige Brühe dazugeben, alles zugedeckt bei mittlerer Hitze 5 Minuten dünsten. Die weißen Bohnen unterheben und das Gemüse mit Salz, Pfeffer und Zitronenschale würzen.

+ Das Fleisch aus der Folie wickeln und in Scheiben schneiden. Mit dem Grünkohlgemüse anrichten und mit jeweils 1 bis 2 EL Bratensud beträufeln. Dazu passt ein Kartoffelstampf aus 100 g Kartoffeln.

Die Ernährungs-Docs

Grünkohl ist der Star der Winterküche: Er strotzt vor Nährstoffen wie Kalzium, Vitamin A und C. Seine Bitterstoffe kurbeln den Fettstoffwechsel an und dank seines Reichtums an Quercetin, einem sekundären Pflanzenstoff, stärkt er die Abwehrkräfte.

Hirschkoteletts mit Pilzkruste und Selleriepüree

Adipositas | Arthrose | Bluthochdruck | Diabetes | Fettleber | Fettstoffwechselstörungen | Fruktose-Intoleranz | Gicht | Multiple Sklerose | Reizdarm | Rheuma

Für 2 Personen
Zubereitungszeit: 45 Minuten
Garen: 25 Minuten

Für das Selleriepüree:
250 g Knollensellerie
200 g vorwiegend festkochende Kartoffeln, Salz
50 ml fettarme Milch (1,5 % Fett)
Pfeffer aus der Mühle
frisch geriebene Muskatnuss

Für die Hirschkoteletts:
75 g gemischte Pilze (z. B. Champignons, Pfifferlinge)
1 kleine Schalotte, 2 TL Butter
2 TL gehackter Thymian
2 EL Vollkornsemmelbrösel
1 Eigelb
1 EL gehackte Petersilie
Salz, Pfeffer aus der Mühle
½ TL abgeriebene unbehandelte Zitronenschale
4 Hirschkoteletts (à ca. 120 g)
1 EL Kokosfett
100 ml Hühnerbrühe
1 TL Speisestärke

Nährwerte pro Portion: 470 kcal, 42 g EW, 22 g F, 22 g KH, 6 g BST

+ Für das Püree Sellerie und Kartoffeln schälen, waschen und in grobe Würfel schneiden. Beides in einem Topf etwa zur Hälfte mit Wasser bedecken, mit Salz würzen und aufkochen. Alles zugedeckt bei mittlerer Hitze 20 Minuten weich garen. Anschließend abgießen und im Topf mit dem Stabmixer fein pürieren, die Milch unterrühren. Das Püree mit Salz, Pfeffer und Muskatnuss würzen, warm halten.

+ Inzwischen den Backofen auf 180 °C vorheizen. Ein Backblech mit Backpapier auslegen. Pilze putzen, falls nötig, trocken abreiben und klein schneiden. Schalotte schälen, fein würfeln und in einer Pfanne in Butter andünsten. Pilze und Thymian 3 bis 4 Minuten mitdünsten. Pilzmasse vom Herd nehmen, Semmelbrösel, Eigelb und Petersilie untermischen. Mit Salz, Pfeffer und Zitronenschale würzen.

+ Die Hirschkoteletts mit Salz und Pfeffer einreiben. Das Kokosfett in einer Pfanne erhitzen und die Koteletts darin auf beiden Seiten je 1 bis 2 Minuten kräftig anbraten. Herausnehmen, auf das Blech legen und die Kräuter-Pilz-Masse darauf verteilen. Die Koteletts im Ofen auf der mittleren Schiene 20 Minuten goldbraun gratinieren. Den Bratensatz in der Pfanne mit der Brühe lösen und 5 Minuten einkochen. Dann mit Speisestärke binden und mit Salz und Pfeffer kräftig würzen. Die Koteletts mit dem Püree und der Sauce auf Teller verteilen.

Die Ernährungs-Docs

Schlemmen und der schlanken Linie treu bleiben: Hirsch ist eine der besten Quellen für hochwertiges Eiweiß und gut verwertbares Eisen mit wenig Fett und Cholesterin.

Gedämpftes Lachsfilet mit Balsamico-Tomaten

Adipositas | Bluthochdruck | Diabetes | Fettleber | Fettstoffwechselstörungen
Fruktose-Intoleranz | Multiple Sklerose | Rheuma | Schuppenflechte

Für 2 Personen
Zubereitungszeit: 25 Minuten

2 Lachsfilets (à ca. 150 g)
Salz, Pfeffer aus der Mühle
4 unbehandelte Zitronenscheiben
2 Stiele Estragon
300 g bunte Cocktailtomaten
1 kleiner Zweig Rosmarin
2 Stiele Thymian
80 g Rucola
1 kleine Zwiebel
1 Knoblauchzehe
1 1/2 EL Olivenöl
1 EL Aceto balsamico

Nährwerte pro Portion: 410 kcal, 33 g EW, 27 g F, 7 g KH, 3 g BST

+ Die Lachsfilets waschen, trocken tupfen und mit Salz und Pfeffer würzen. Die Zitronenscheiben in einen Dämpfeinsatz legen und die Lachsstücke daraufsetzen. Den Estragon waschen und trocken tupfen, die Blätter abzupfen, fein hacken und über den Lachs streuen.

+ Einen passenden Topf 2 bis 3 cm hoch mit Salzwasser füllen, den Dämpfeinsatz daraufsetzen und mit dem passenden Deckel verschließen. Das Wasser aufkochen und, sobald Dampf aufsteigt, den Lachs bei mittlerer Hitze 8 bis 10 Minuten dämpfen.

+ Inzwischen die Tomaten waschen und halbieren. Rosmarin und Thymian waschen und trocken tupfen. Rucola verlesen, waschen und trocken schütteln, dabei grobe Stiele entfernen, die Blätter grob hacken. Zwiebel und Knoblauch schälen und in feine Würfel schneiden.

+ Das Öl in einer Pfanne erhitzen und Zwiebel und Knoblauch darin andünsten. Tomaten, Rosmarin, Thymian und Essig dazugeben und alles zugedeckt etwa 3 Minuten dünsten. Dann Thymian und Rosmarin wieder entfernen und den Rucola unterheben. Mit Salz und Pfeffer würzen. Das Tomatengemüse mit dem gedämpften Lachs servieren.

Die Ernährungs-Docs

Doppelt gesunder Küchengruß aus Italien: Reichlich Vitamin E und Selen im Lachs und unterschiedliche Carotinoide in den Tomaten zeigen den freien Radikalen die rote Karte und beugen Zivilisationserkrankungen wie Krebs und Arteriosklerose vor.

DAS SUPER
REZEPT

Fischpfanne mit Frühlingsgemüse

Adipositas | Arthrose | Bluthochdruck | Colitis ulcerosa | Diabetes | Fettleber
Fettstoffwechselstörungen | Gicht | Rheuma | Schuppenflechte | Wechseljahre

Für 2 Personen
Zubereitungszeit: 35 Minuten

1 kleine Zwiebel
1 dünne Stange Lauch
1 Möhre
1/2 Kohlrabi
100 g Zuckerschoten
1 EL Rapskernöl
Salz, Pfeffer aus der Mühle
150 ml Gemüsebrühe
2 Fischfilets (z. B. Seelachs oder Zander; à ca. 160 g)
1 EL Zitronensaft
2 EL saure Sahne
50 g Magerquark
50 g fettarmer Naturjoghurt (0,1 % Fett)
2–3 Stiele Dill
Cayennepfeffer

Nährwerte pro Portion: 380 kcal, 40 g EW, 14 g F, 19 g KH, 8 g BST

+ Zwiebel schälen und in feine Würfel schneiden. Lauch putzen, waschen und in Ringe schneiden. Möhre und Kohlrabi putzen, schälen und in feine Streifen schneiden. Zuckerschoten putzen und waschen.

+ Das Öl in einer Pfanne erhitzen und Zwiebelwürfel und Lauchringe darin 2 bis 3 Minuten andünsten. Dann Möhren- und Kohlrabistreifen dazugeben und etwa 3 Minuten mitdünsten. Das Gemüse mit Salz und Pfeffer würzen und die Brühe dazugießen.

+ Die Fischfilets waschen und trocken tupfen, mit 1 TL Zitronensaft beträufeln und mit Salz und Pfeffer würzen. Die Filets auf das Gemüse setzen und zugedeckt 8 bis 10 Minuten dünsten. 5 Minuten vor Ende der Garzeit die Zuckerschoten hinzufügen und mitdünsten.

+ Inzwischen die saure Sahne mit Quark und Joghurt verrühren. Den Dill waschen und trocken tupfen, die Spitzen abzupfen und fein hacken. Den Dill unter die Saure-Sahne-Mischung rühren, mit übrigem Zitronensaft, Salz, Pfeffer und Cayennepfeffer würzen. Fisch und Gemüse zum Servieren mit dem Dillrahm übergießen.

Die Ernährungs-Docs

Gesunder Genuss: Gedünsteter Fisch behält seine ideale Fettqualität, als hochwertige Eiweißquelle macht er zudem lange satt. Das gemischte Gemüse punktet mit zahlreichen sekundären Pflanzenstoffen und Vitaminen. Mit seinen Ballaststoffen bringt es darüber hinaus auch noch die Verdauung auf Trab.

Garnelen mit Möhren-Tagliatelle

Adipositas | Arthrose | Bluthochdruck | Diabetes | Fettleber | Fettstoffwechselstörungen | Rheuma | Schuppenflechte | Wechseljahre

Für 2 Personen
Zubereitungszeit: 25 Minuten

50 g tiefgekühlte Erbsen
250 g Möhren
Salz
10 g Pinienkerne
100 g rohe, geschälte Garnelen oder Shrimps (küchenfertig)
Pfeffer aus der Mühle
1 EL Rapskernöl
1 TL asiatische Chilisauce
1 TL rosa Pfefferkörner

Nährwerte pro Portion: 190 kcal, 14 g EW, 8 g F, 14 g KH, 6 g BST

+ Die Erbsen auftauen lassen. In einem mittelgroßen Topf reichlich Wasser aufkochen. Die Möhren putzen, schälen und mit dem Sparschäler in dünne Streifen – ähnlich wie Bandnudeln – hobeln. Das Wasser salzen und die Möhrenstreifen darin 2 Minuten blanchieren. In ein Sieb abgießen, kalt abschrecken und gut abtropfen lassen.

+ Die Pinienkerne in einer beschichteten Pfanne ohne Fett leicht rösten. Herausnehmen und beiseitestellen. Die Garnelen waschen und trocken tupfen. Dann mit Salz und wenig Pfeffer würzen.

+ Das Öl in einer großen beschichteten Pfanne erhitzen und die Garnelen darin auf beiden Seiten anbraten. Mit Chilisauce, Salz und Pfeffer abschmecken. Pinienkerne, Erbsen und Pfefferkörner dazugeben und alles unter Rühren noch 2 bis 3 Minuten garen. Die Möhren-Tagliatelle mit den Garnelen servieren. Dazu passt ½ Dinkelvollkornbrötchen pro Person.

Tipp: Farbkontrast erwünscht? Dazu Garnelen und Gemüsenudeln am besten mit frischen Kräutern oder dunkler Shiso-Kresse garnieren.

Die Ernährungs-Docs

Gemüse statt Pasta – ideal für alle, die sich Low Carb oder nach dem LOGI-Prinzip (siehe Seite 35) ernähren möchten. Anstelle von Möhren können Sie dann kohlenhydratarme Gemüse wie Zucchini, Sellerie oder Kohlrabi zu Gemüsenudeln verarbeiten.

Kräuterlachs mit gedünstetem Mangold

Adipositas | Arthrose | Bluthochdruck | Diabetes | Fettleber | Fettstoffwechselstörungen | Fruktose-Intoleranz | Migräne | Multiple Sklerose | Reflux | Rheuma Schuppenflechte | Untergewicht | Wechseljahre

Für 2 Personen
Zubereitungszeit: 30 Minuten

2 Lachsfilets
(ohne Haut; à ca. 150 g)
Salz, Pfeffer aus der Mühle
je 2 Stiele Petersilie und
Schnittlauch
400 g Mangold
1 Schalotte
1 Knoblauchzehe
1 TL Kokosfett
1 TL Rapskernöl
1 TL Butter
100 ml Gemüsebrühe

Nährwerte pro Portion: 400 kcal, 35 g EW, 26 g F, 3 g KH, 6 g BST

+ Die Lachsfilets waschen, trocken tupfen und mit Salz und Pfeffer würzen. Die Kräuter waschen und trocken schütteln, die Petersilienblätter abzupfen und fein hacken, den Schnittlauch in feine Röllchen schneiden. Die Kräuter mischen und zugedeckt beiseitestellen.

+ Den Mangold putzen und waschen. Die Blätter von den Stielen abschneiden und in 1 cm, die Stiele in ½ cm breite Streifen schneiden. Schalotte und Knoblauch schälen und in feine Würfel schneiden.

+ Das Kokosfett in einer Pfanne erhitzen und die Lachsfilets darin auf beiden Seiten 8 bis 10 Minuten dünsten. Aus der Pfanne nehmen und in den gehackten Kräutern wenden, warm halten.

+ Öl und Butter in einem Topf erhitzen, Schalotte, Knoblauch und Mangoldstiele darin 2 bis 3 Minuten andünsten, salzen und pfeffern. Brühe dazugießen, alles aufkochen und zugedeckt etwa 5 Minuten dünsten. Mangoldblätter dazugeben und etwa 1 Minute zusammenfallen lassen. Gemüse abschmecken und mit dem Lachs anrichten.

Die Ernährungs-Docs

Lachs ist nahezu ein Wunderlebensmittel. Dank seiner wertvollen Omega-3-Fettsäuren kann er den Cholesterinspiegel senken, das Blutfett regulieren und den Blutdruck in Balance halten. Er beugt Krebs und vielen Herz-Kreislauf-Beschwerden vor und härtet die Knochen. Dazu punktet Mangold mit vielen Mineralstoffen – vor allem Eisen, Phosphor, Kalium und Magnesium.

DAS SUPER
REZEPT

Lachs auf Fenchelgemüse im Pergament

Adipositas | Arthrose | Bluthochdruck | Colitis ulcerosa | Diabetes | Fettleber
Fettstoffwechselstörungen | Fruktose-Intoleranz | Migräne | Multiple Sklerose
Rheuma | Schuppenflechte | Untergewicht | Wechseljahre

Für 2 Personen
Zubereitungszeit: 25 Minuten
Garen: 20–25 Minuten

1 Fenchelknolle (ca. 300 g)
1 Stange Staudensellerie (ca. 100 g)
1 Stange Lauch (ca. 200 g)
1 Knoblauchzehe
1 EL Olivenöl
1 TL Rapskernöl
4 EL Gemüsebrühe
Salz, Pfeffer aus der Mühle
Cayennepfeffer
2 Lachsfilets (ohne Haut; à ca. 150 g)
1/2 Bund Dill
2 TL saure Sahne

Nährwerte pro Portion: 440 kcal, 35 g EW, 30 g F, 10 g KH, 7 g BST

+ Backofen auf 200 °C vorheizen. Fenchel putzen, waschen und das Grün beiseitelegen. Knolle halbieren und den harten Strunk entfernen. Hälften in dünne Streifen hobeln. Sellerie und Lauch putzen, waschen und in dünne Scheiben bzw. Ringe schneiden. Knoblauch schälen und in Scheiben schneiden. Das Gemüse mit beiden Ölsorten sowie der Brühe mischen und alles mit Salz, Pfeffer und Cayennepfeffer würzen. Zwei Bögen Pergament- oder Backpapier (à ca. 30 x 25 cm) auf die Arbeitsfläche legen und die Fenchelmischung samt der Flüssigkeit darauf jeweils in der Mitte verteilen.

+ Die Lachsfilets waschen und trocken tupfen, salzen und pfeffern. Auf das Gemüse setzen. Das Papier jeweils über dem Fisch fest zusammenfalten und an den seitlichen Enden wie Bonbons zusammendrehen, nach Belieben mit Küchengarn zubinden.

+ Die Päckchen auf ein Blech setzen und im Ofen auf der zweiten Schiene von unten 20 bis 25 Minuten garen. Dill waschen und trocken schütteln, Spitzen abzupfen und wie das Fenchelgrün hacken. Fischpäckchen erst bei Tisch öffnen (Vorsicht: Heißer Dampf entweicht!), mit Kräutern und je 1 TL saurer Sahne toppen.

Die Ernährungs-Docs

Gut fürs Herz und für die Figur: Wegen ihres hohen Mineralstoffgehalts können Fenchel, Sellerie und Lauch sowie andere grüne Gemüse den Wasserhaushalt regulieren und Übersäuerung ausgleichen – gut für die Gesundheit von Nieren und Verdauung.

Kabeljaufilet mit Spinat in Senfsauce

Adipositas | Arthrose | Bluthochdruck | Colitis ulcerosa | Diabetes | Fettleber
Fettstoffwechselstörungen | Fruktose-Intoleranz | Multiple Sklerose | Rheuma
Schuppenflechte | Untergewicht | Wechseljahre

Für 2 Personen
Zubereitungszeit: 45 Minuten
Garen: 10 Minuten

2 Kabeljaufilets (à ca. 160 g)
Salz, Pfeffer aus der Mühle
1 EL Zitronensaft
5 EL trockener Weißwein
200 g Zucchini
300 g Babyspinat
1 Schalotte
1 Knoblauchzehe
1 EL Rapskernöl
5 EL Gemüsebrühe
2 EL saure Sahne
2 TL scharfer Senf
1 TL Speisestärke

Nährwerte pro Portion: 320 kcal, 36 g EW, 13 g F, 7 g KH, 4 g BST

+ Den Backofen auf 200 °C vorheizen. Die Fischfilets waschen und trocken tupfen, auf beiden Seiten mit Salz, Pfeffer und Zitronensaft würzen und in eine flache Auflaufform legen. Mit dem Wein übergießen und im Ofen auf der mittleren Schiene etwa 10 Minuten garen.

+ Inzwischen die Zucchini putzen, waschen und in dünne Scheiben schneiden. Den Spinat verlesen, waschen und trocken schleudern, dabei grobe Stiele entfernen. Schalotte und Knoblauch schälen und in feine Würfel schneiden.

+ Das Öl in einem breiten Topf erhitzen und Schalotte, Knoblauch und Zucchini darin 1 bis 2 Minuten dünsten. Mit der Brühe ablöschen und zugedeckt bei mittlerer Hitze noch 2 bis 3 Minuten dünsten.

+ Den Fisch aus dem Ofen nehmen und zugedeckt warm halten, den Fischsud zum Gemüse geben. Saure Sahne, Senf und Speisestärke gründlich verrühren, unter das Gemüse rühren und alles so lange köcheln, bis es gebunden ist. Dann den Spinat dazugeben, zugedeckt aufkochen und bei mittlerer Hitze in 2 bis 3 Minuten zusammenfallen lassen. Das Gemüse mit Salz und Pfeffer würzen und mit dem Kabeljau sowie der Senfsauce anrichten. Dazu passen 100 g Pellkartoffeln.

Die Ernährungs-Docs

Leicht, gesund und raffiniert: Dank seines „Vitalstoff-Pakets“ wirkt Spinat Arteriosklerose und Krebs entgegen. Außerdem ist er ein Top-Folsäurelieferant und beugt Risiken des Ungeborenen in der Schwangerschaft vor. Kabeljau versorgt den Körper mit viel Jod, das beim flüssigkeitsarmen Dünsten optimal erhalten bleibt.

SÜSSES

Ab und zu ist Schlemmen erlaubt! Denn wer hätte das gedacht – es gibt eine Menge himmlischer Desserts, die lecker schmecken und obendrein auch noch gesund sind. Hier erfahren Sie, wie Sie mit kleinen Tricks und intelligenten Zutaten aus Klassikern wie Pudding & Eiscreme, Muffin & Kuchen neue Kreationen zaubern.

Limetten-Honig-Eis mit Erdbeeren

Adipositas | Arthrose | Bluthochdruck | Colitis ulcerosa | Diabetes | Fettleber
Fettstoffwechselstörungen | Gicht | Multiple Sklerose | Rheuma | Schuppenflechte
Wechseljahre

Für 4 Personen
Zubereitungszeit: 25 Minuten
Tiefkühlen: 30 Minuten
(in der Eismaschine)
oder 6 Stunden
(im Tiefkühlfach)

1 unbehandelte Limette
100 g Sahne
2 EL flüssiger Akazienhonig
8 Blätter Zitronenmelisse
200 g fettarmer Naturjoghurt
(1,5 % Fett)
300 g Erdbeeren
1 EL Pistazienkerne
(nach Belieben)

Nährwerte pro Portion: 170 kcal, 4 g EW, 11 g F, 15 g KH, 2 g BST

+ Die Limette heiß waschen und trocken reiben, die Schale fein abreiben und den Saft auspressen. Die Sahne in einem hohen Rührbecher mit den Quirlen des Handrührgeräts steif schlagen, dabei den Honig einlaufen lassen. Die Zitronenmelisse waschen und trocken tupfen, 4 Blätter fein hacken, die übrigen beiseitestellen.

+ Den Joghurt mit Limettenschale und -saft sowie gehackter Zitronenmelisse verrühren und die Sahne unterheben. Die Masse in der Eismaschine etwa 30 Minuten gefrieren lassen (siehe Tipp).

+ Zum Servieren die Erdbeeren waschen, putzen und je nach Größe halbieren oder vierteln. Vom Limetteneis mit einem Eislöffel Kugeln abstechen und mit den Erdbeeren in Dessertschalen anrichten. Nach Belieben die Pistazienkerne grob hacken und darüberstreuen. Das Eis mit den übrigen Melisseblättern garniert servieren.

Tipp: Alternativ die Eismasse in vier gefrierfeste Portionsförmchen (à ca. 150 ml Inhalt) füllen und 6 Stunden tiefkühlen. Etwa 10 Minuten vor dem Servieren aus dem Gefrierfach nehmen, dann stürzen und mit den Erdbeeren dekorativ auf Tellern anrichten. Das Eis mit Melisse garniert servieren.

Die Ernährungs-Docs

Das Limetten-Honig-Eis ist eine wunderbar leichte Nachspeise, die wenig Fett und Zucker liefert, uns dafür aber mit jeder Menge Vitamin C versorgt.

Avocado-Schoko-Creme mit Orangen

Adipositas | Arthrose | Bluthochdruck | Colitis ulcerosa | Diabetes | Fettstoffwechselstörungen | Gicht | Multiple Sklerose | Rheuma | Schuppenflechte | Untergewicht

Für 2 Personen
Zubereitungszeit: 25 Minuten
Kühlen: 1–2 Stunden

1 kleine Orange
1 reife Avocado
1 Vanilleschote
1 EL stark entöltes Kakaopulver
1 sehr frisches Eiweiß
Salz
1 EL Vollrohrzucker
1 EL Mandelblättchen

Nährwerte pro Portion: 170 kcal, 5 g EW, 9 g F, 13 g KH, 5 g BST

+ Die Orange so großzügig schälen, dass auch die weiße Haut mit entfernt wird. Die Orangenfilets auslösen, die Orangenreste auspressen und den abtropfenden Saft auffangen. Die Avocado halbieren und den Kern entfernen, die Avocadohälften schälen und das Fruchtfleisch grob zerkleinern. Die Vanilleschote längs aufschneiden und das Mark mit einem spitzen Messer herauskratzen.

+ Die Avocado mit Vanillemark, Kakao und 2 EL Orangensaft in einem hohen Rührbecher mit dem Stabmixer fein pürieren. Das Eiweiß mit 1 Prise Salz mit den Quirlen des Handrührgeräts steif schlagen, dann den Zucker einrieseln lassen und etwa 3 Minuten weiterschlagen. Den Eischnee unter die Avocadocreme heben und diese in Gläser oder Schalen füllen. Mit den Orangenfilets belegen und 1 bis 2 Stunden kühl stellen.

+ Zum Servieren die Mandelblättchen in einer beschichteten Pfanne ohne Fett leicht rösten. Herausnehmen, etwas abkühlen lassen und auf die Avocadocreme streuen.

Tipp: Statt mit Kakaopulver können Sie die Avocadocreme auch mit 1 EL Mandel- oder Cashewkernmus aromatisieren. Besonders schön kommt dieses Dessert mit unbehandelten Orangenzesten und Minzeblättern dekoriert daher – ideal für Gäste.

Die Ernährungs-Docs

Süßes muss nicht Sünde sein! Butterweiche Avocado macht die Mousse au Chocolat herrlich cremig und dank ihrer hochwertigen ungesättigten Fettsäuren, der wertvollen Mineralstoffe und der Vitamine A und E auch supergesund.

Orangen-Physalis-Grütze mit Dickmilch

Adipositas | Bluthochdruck | Colitis ulcerosa | Diabetes | Fettleber | Fettstoffwechselstörungen | Gicht | Wechseljahre

Für 2 Personen
Zubereitungszeit: 20 Minuten
Kühlen: 1 Stunde

2 Orangen
50 g Physalis
1 1/2 EL Vollrohrzucker
1/2 TL gemahlene Vanille
1 TL Speisestärke oder Pfeilwurzelstärke (aus Bioladen oder Refomhaus; siehe Tipp)
200 g fettarme Dickmilch (1,5 % Fett)
10 g Zartbitterschokolade (mind. 70 % Kakaoanteil)

Nährwerte pro Portion: 150 kcal, 6 g EW, 3 g F, 23 g KH, 3 g BST

+ Erst 1 Orange so großzügig schälen, dass auch die weiße Haut mit entfernt wird, dabei den Saft auffangen. Die Orangenfilets auslösen, die Orangenreste auspressen und den Saft auffangen. Die übrige Orange halbieren und auspressen. Die Physalis aus den Hüllblättern lösen und halbieren.

+ In einem kleinen Topf den aufgefangenen und den ausgepressten Orangensaft mit 1 EL Zucker, Vanille und Speise- oder Pfeilwurzelstärke verrühren und bei schwacher Hitze 1 bis 2 Minuten köcheln lassen, bis der Saft gebunden ist. Vom Herd nehmen, Orangenfilets und Physalis hinzufügen und die Grütze etwas abkühlen lassen.

+ Inzwischen die Dickmilch mit dem übrigen Zucker verrühren und in Gläser oder Schalen füllen. Die Grütze darauf verteilen und alles 1 Stunde kühl stellen. Zum Servieren die Schokolade hacken und auf das Dessert streuen.

Tipp: Im Winter Orange und Physalis, im Sommer gemischte Beeren, im Herbst Feigen und Pflaumen – je nach Jahreszeit und Vorlieben können Sie die Grütze nach persönlichem Geschmack abwandeln.

Die Ernährungs-Docs

Für alle, die Süßes mit wenig Kalorien naschen wollen: ein Dessert, das viel Vitamin C hat, ultraleicht ist und uns sowohl mit Eiweiß als auch mit dem Knochenmineralstoff Kalzium versorgt. Pfeilwurzelstärke ist verträglicher als Weizen- oder Maisstärke und dickt bereits bei niedrigeren Temperaturen (ab ca. 65 °C) ein.

Schoko-Kokos-Pudding mit Tofu

Adipositas | Arthrose | Bluthochdruck | Colitis ulcerosa | Diabetes | Fettleber
Fettstoffwechselstörungen | Multiple Sklerose | Rheuma | Schuppenflechte
Wechseljahre

Für 2 Personen
Zubereitungszeit: 5 Minuten
Kühlen: mind. 30 Minuten

150 g Seidentofu (siehe Tipp)
100 ml Kokosmilch
25 g stark entöltes Kakaopulver
1 TL Instant-Kaffeepulver
1/4 TL gemahlene Vanille
2 TL Zucker
Kokoschips und einige essbare Blüten zum Garnieren (nach Belieben)

Nährwerte pro Portion: 120 kcal, 7 g EW, 5 g F, 10 g KH, 4 g BST

+ Den Seidentofu und die Kokosmilch in einen hohen Rührbecher geben und mit dem Stabmixer fein pürieren. Dann Kakao, Kaffee, Vanille und Zucker dazugeben und weiter pürieren, bis alles gründlich vermischt ist.

+ Den Pudding in kleine Schüsseln oder Gläser füllen und mind. 30 Minuten in den Kühlschrank stellen. Zum Servieren nach Belieben mit Kokoschips und essbaren Blüten (beispielsweise Stiefmütterchen oder Veilchen) garnieren.

Tipp: Seidentofu ist perfekt für vegetarische und vegane Desserts. Denn er ist besonders weich – schon pur erinnert seine Konsistenz an Pudding. Anders als normaler Tofu wird er nämlich nicht gepresst.

Die Ernährungs-Docs

Antioxidantien, viel Zink und dazu noch sekundäre Pflanzenstoffe, die den Cholesterinspiegel senken: Wer nicht allergisch auf Soja reagiert, profitiert von Tofu, Tempeh, Sprossen und anderen Sojaprodukten ungemein.

Kirsch-Mandel-Clafoutis

Adipositas | Arthrose | Bluthochdruck | Diabetes | Fettleber | Fettstoffwechselstörungen | Gicht | Migräne | Schuppenflechte | Wechseljahre

Für 1 kleine Gratinform
(18 cm Ø; für 2 Personen)
Zubereitungszeit: 10 Minuten
Backen: 10 Minuten

200 g tiefgekühlte entsteinte Sauerkirschen
2 Eier
2 EL Vollrohrzucker
4 EL Mandeldrink
1/2 TL gemahlene Vanille
Salz
1/2 TL abgeriebene unbehandelte Zitronenschale
50 g Dinkelvollkornmehl
1 EL Mandelblättchen
Puderzucker zum Bestäuben (nach Belieben)
Butter für die Form

Nährwerte pro Portion: 320 kcal, 12 g EW, 12 g F, 37 g KH, 4 g BST

+ Den Backofen auf 200 °C vorheizen. Die Sauerkirschen antauen lassen. Die Form dünn mit Butter einfetten.

+ Die Eier trennen. Die Eiweiße in einem hohen Rührbecher mit den Quirlen des Handrührgeräts steif schlagen, dabei 1 EL Zucker einrieseln lassen. Die Eigelbe mit Mandeldrink, übrigem Zucker, Vanille, 1 Prise Salz und Zitronenschale in einer Schüssel mit den Quirlen des Handrührgeräts dickcremig rühren. Anschließend zuerst das Mehl, dann den Eischnee unter die Eigelbcreme ziehen.

+ Die Masse in die Form geben und glatt streichen. Die Kirschen darauf verteilen und mit den Mandeln bestreuen. Den Clafoutis im Ofen auf der mittleren Schiene etwa 10 Minuten backen. Aus dem Ofen nehmen, kurz abkühlen lassen und sofort servieren. Nach Belieben den Clafoutis mit Puderzucker bestäuben.

Tipp: Auflauf oder Kuchen? Der Clafoutis ist beides. Die französische Süßspeise besteht aus Früchten und einem pfannkuchenähnlichen Eierteig. Statt Kirschen kann man – je nach Verträglichkeit – auch anderes Obst verwenden, das nicht zu viel Saft abgibt, wie Aprikosen, Brom- oder Himbeeren, Zwetschgen oder Mirabellen.

Die Ernährungs-Docs

Säuerliche Früchte, wenig Zucker und Vollkornmehl stillen die Lust auf Süßes auf gesunde Art. Dazu liefern Eier volle Power für die Konzentration: Sie sind reich an Lecithin, Vitamin B_2 sowie dem Nervenbotenstoff Cholin. Sauerkirschen sind besonders reich an Anthocyanen – das sind entzündungs- und schmerzhemmende Stoffe, die im Organismus wie Aspirin wirken.

Birnen-Mohn-Muffins

Adipositas | Arthrose | Bluthochdruck | Colitis ulcerosa | Diabetes | Fettleber
Fettstoffwechselstörungen | Gicht | Neurodermitis | Migräne | Reflux| Rheuma |
Schuppenflechte | Untergewicht| Wechseljahre

Für 1 12er-Muffinblech
(12 Stück)
Zubereitungszeit: 10 Minuten
Backen: 20 Minuten

100 ml Rapskernöl
200 g Buttermilch
1 Ei
250 g Dinkelvollkornmehl
2 EL gemahlener Mohn
(aus Bioladen oder Reformhaus)
75 g Vollrohrzucker
2 TL Weinstein-Backpulver
(aus Bioladen oder Reformhaus; siehe Tipp)
½ TL gemahlene Vanille
2 kleine reife Birnen (ca. 250 g)
Puderzucker zum Bestäuben
Butter oder 12 Papierbackförmchen für das Blech

Nährwerte pro Stück: ca. 200 kcal, 4 g EW, 10 g F, 23 g KH, 3 g BST

+ Den Backofen auf 180 °C vorheizen. Die Mulden des Muffinblechs mit Butter einfetten oder mit Papierbackförmchen auslegen.

+ Das Öl mit Buttermilch und Ei gründlich verrühren. Mehl, Mohn, Zucker, Backpulver und Vanille in einer Schüssel mischen. Die Birnen vierteln und schälen, entkernen und in kleine Würfel schneiden. Die Birnenwürfel in 1 EL Mehlmischung wenden.

+ Die Buttermilchmischung und die übrige Mehlmischung sowie die Birnenwürfel mit dem Kochlöffel kurz verrühren. (Auf keinen Fall zu lange rühren, sonst werden die Muffins klebrig!) Den Teig in die Mulden verteilen und die Muffins im Ofen auf der mittleren Schiene etwa 20 Minuten backen.

+ Die Muffins aus dem Ofen nehmen und 5 Minuten in der Form abkühlen lassen, dann herauslösen und auf dem Kuchengitter vollständig abkühlen lassen. Zum Servieren mit Puderzucker bestäuben.

Tipp: Im Muffinteig stecken reife Birnen, die für Süße sorgen – so lässt sich ganz einfach Zucker einsparen. Wer mag, kann die Hälfte der Birnen durch 60 g Rosinen ersetzen.

Die Ernährungs-Docs

Weinstein-Backpulver wird oftmals als bekömmlicher empfunden und hat weniger Eigengeschmack. Sie können die Muffins aber auch mit herkömmlichem Backpulver zubereiten.

Bratäpfel mit Mandeln

Adipositas | Arthrose | Bluthochdruck | Colitis ulcerosa | Diabetes | Fettleber Fettstoffwechselstörungen | Neurodermitis | Migräne | Rheuma | Schuppenflechte Wechseljahre

Für 2 Personen
Zubereitungszeit: 10 Minuten
Backen: 20 Minuten

2 säuerliche Äpfel (z.B. Boskop)
1 EL gehackte Mandeln oder Mandelblättchen
1 EL Pflaumen- oder Johannisbeerkonfitüre
1/2 TL Zimtpulver

Nährwerte pro Portion: 150 kcal, 2 g EW, 3 g F, 28 g KH, 4 g BST

+ Den Backofen auf 180 °C (Umluft) vorheizen. Die Äpfel waschen und im Ganzen der Länge nach mit einem Apfelausstecher entkernen. Die Mandeln in einer Schüssel mit Konfitüre und Zimt mischen.

+ Die Äpfel mit der Mandelmischung füllen und nebeneinander in eine ofenfeste Form stellen. Die Bratäpfel im Ofen auf der mittleren Schiene etwa 20 Minuten backen.

+ Aus dem Ofen nehmen, kurz abkühlen lassen und nach Belieben mit Vanillequark oder Vanillesauce (siehe Tipp) servieren.

Tipp: Für eine Vanillesauce (für 2 Personen) 1 Vanilleschote längs aufschneiden und das Mark mit einem spitzen Messer herauskratzen. Ausgekratzte Schote und Mark in einem Topf mit 100 ml Milch langsam erwärmen. Inzwischen 2 Eigelbe, 1 Ei und 50 g Zucker über einem heißen Wasserbad schaumig aufschlagen. Die Vanilleschote entfernen und die warme Vanillemilch langsam zur Eigelbmasse gießen, dabei immer weiterschlagen, bis die Sauce dickschaumig ist.

Die Ernährungs-Docs

Obst mit Mandeln mal anders – aber auf jeden Fall ein ideales Dessert oder eine leckere Zwischenmahlzeit, die mit wenigen Kalorien zu Buche schlägt. Auch wenn Zucker bei Neurodermitis möglichst eingeschränkt werden sollte, ist die Menge an Konfitüre hier völlig in Ordnung. Die Vanillesauce als Zugabe ist leider für Betroffene von Arthrose, Neurodermitis, Rheuma und Schuppenflechte nicht empfehlenswert!

Stichwortregister

Rezeptregister

nach Krankheiten

Arthrose

Bluthochdruck

Colitis ulcerosa

Diabetes

Fettleber

Fettstoffwechselstörungen

Fruktose-Intoleranz

Gicht

Migräne

Multiple Sklerose

Untergewicht

Wechseljahre

Die Ernährungs-Docs

Dr. med. Matthias Riedl ist unter anderem Facharzt für Innere Medizin und arbeitet als Diabetologe und Ernährungsmediziner. Er hat 2008 das medizinische Versorgungszentrum Medicum Hamburg mit der Schwerpunktpraxis Ernährungsmedizin gegründet. Es bündelt die Kompetenzen von Ärzten verschiedener Fachrichtungen und geht die Behandlung von Patienten ganzheitlich an. Matthias Riedl ist Autor mehrerer Bücher zum Thema Diabetes, tritt als Dozent bei Fortbildungsveranstaltungen und Kongressen auf und engagiert sich im Vorstand des Bundesverbands Deutscher Ernährungsmediziner (BDEM). 2013 nahm ihn das Magazin „Focus" in seine Empfehlungsliste „Topmediziner" auf.

Dr. med. Anne Fleck ist seit Jahren auf dem Gebiet der innovativen Ernährungs- und Präventionsmedizin tätig. Als Fachärztin für Innere Medizin und Rheumatologie mit Expertise auf dem Gebiet der Naturheilkunde und alternativen Heilverfahren hat sie ein ambulantes Zentrum für Prävention und Adipositas-Medizin in Berlin etabliert. Vorsorgemedizinisch berät sie Unternehmen, Botschaften und Privatpersonen im In- und Ausland. Seit 2013 lebt und arbeitet sie im Herzen Hamburgs. Anne Fleck ist Mitglied in internationalen Fachgesellschaften, Autorin für Fachzeitschriften und engagiert als Dozentin auf Kongressen und Fortbildungsveranstaltungen.

Dr. med. Jörn Klasen ist Facharzt für Innere Medizin mit Schwerpunkt Magen-, Darm- und Lebererkrankungen sowie Arzt für Anthroposophische Medizin und Naturheilverfahren. Er kombiniert die konventionelle Medizin mit komplementärmedizinischen Methoden. Über 15 Jahre war er Chefarzt und 10 Jahre stellvertretender Ärztlicher Direktor am Asklepios Westklinikum Hamburg. Seit 2015 ist er Leitender Arzt des Zentrums für Integrative Medizin am Klinikum Stephansplatz, Hamburg. Der Autor des Buchs „Autoimmunerkrankungen: Den Gegner im eigenen Körper besiegen" und Verfasser zahlreicher Buchbeiträge ist Lehrbeauftragter an der Universität Hamburg und Diplom-Heilpädagoge.

Britta Probol arbeitet seit 2004 als freie Autorin und Lektorin für Zeitschriften und für den Norddeutschen Rundfunk. Ihre Themen sind Ernährung, Bildung, Geschichte und Kultur. Sie hat den Online-Auftritt der „Ernährungs-Docs“ bei NDR.de realisiert und mit konzipiert.

Annette Willenbücher arbeitet seit 2008 als freie Autorin beim NDR Fernsehen, im Schwerpunkt für die Gesundheits-Sendung „Visite“. Sie hat die Reihe „Die Ernährungs-Docs“ realisiert und auch das Konzept mit entwickelt.

Claudia Timmann ist gelernte Fotografin und arbeitet seit 2010 als freie Fotografin in Hamburg. Ihren besonderen Schwerpunkt legt sie auf Food- und People-Fotografie und ist deutschlandweit für Verlage und Redaktionen tätig. Bei den Foodfotos der „Ernährungs-Docs“ haben sie die Foodstylisten Claudia Seifert und Pedro Torres unterstützt.

Hinweis

Die Ratschläge in diesem Buch wurden mit größter Sorgfalt von Autoren und Verlag erarbeitet und geprüft. Eine Garantie kann jedoch nicht übernommen werden. Ebenso ist eine Haftung der Autoren bzw. des Verlags und seiner Beauftragten für Personen-, Sach- oder Vermögensschäden ausgeschlossen. Erkrankungen mit ernstem Hintergrund gehören in ärztliche Behandlung! Bei bereits bestehenden Beschwerden kann das Buch daher keinen fachärztlichen Rat ersetzen.

Bildnachweis

Shutterstock: 4 (oben), 5 (links), 8, 12, 13, 14, 18, 22, 23, 24, 25, 28, 30, 32, 36, 40, 41, 42, 46, 48, 50, 51, 56, 66, 80, 82, 88, 90 sowie Symbole im Rezeptteil Seite 92–230 und Buchbeilage vorne und hinten; Jupp Tautfest: 11; Claudia Timmann: 4 (unten), 5 (rechts), 90–231; Markus Voll: 17; Michael Wilfling: 6, 19, 20, 26, 33, 38, 240